世界文化

General Knowledge of
World Culture

通 识

著 单 程 李
欣 继 抒
雨 航

北京燕山出版社

图书在版编目（ＣＩＰ）数据

世界文化通识 / 李抒航，程继，单欣雨著 . —北京：
北京燕山出版社，2022.5

ISBN 978-7-5402-6483-3

Ⅰ.①世… Ⅱ.①李…②程…③单… Ⅲ.①世界史
—文化史—通俗读物 Ⅳ.① K103-49

中国版本图书馆 CIP 数据核字 (2022) 第 065143 号

世界文化通识

著者：李抒航　程继　单欣雨
责任编辑：邓京　郭扬
封面设计：马静静
出版发行：北京燕山出版社有限公司
社址：北京市丰台区东铁匠营苇子坑 138 号嘉城商务中心 C 座
邮编：100079
电话传真：86-10-65240430（总编室）
印刷：三河市德贤弘印务有限公司
成品尺寸：148mm×210mm
字数：312 千字
印张：12
版别：2022 年 5 月第 1 版
印次：2022 年 5 月第 1 次印刷
ISBN：978-7-5402-6483-3
定价：48.00 元

前言

　　在漫长的历史长河中，人类创造了灿烂的多元文化和文明，在世界各地熠熠生辉，构成了人类共同的、宝贵的精神财富。

　　本书分三个部分探究世界文化发展的多元性、多样性：第一章总领全书，探讨文化的概念与内涵；第二章至第十章分析世界各地多元文化的体系与内容；第十一章阐述世界科技文化。

　　第一章内容，重点阐释了什么是文化，就文化的概念与内涵进行了系统、深入的解析，并探索了人类文化的起源，阐明了学习世界文化的重要历史和现实意义。

　　第二章至第十章内容，分别对世界各地区多元文化进行了系统、深入的解析，具体包括古埃及文化、古巴比伦文化、"双希"文化（希伯来文化和希腊文化）、古印度文化、古罗马文化、中世纪欧洲文化、欧洲文艺复兴、伊斯兰文化、中华文化等文化体系与内容。其中既有东方文化又有西方文化，书中对各地区多元文化体系与内容的解析大体涉及文化起源、文字、哲学、文学、史学、艺术、建筑、宗教、科学技术以及社会文化等多个方面，语言简明扼要，逻辑清晰，结构完整，突出了不同文化的特点与特质。

第十一章内容，就世界科技文化进行了梳理分析，对世界范围内的第一次工业革命、第二次工业革命、第三次工业革命及第四次工业革命的时代和社会背景、发展历程、发展成果进行了系统阐述，清晰地展现出一个完整的世界科技发展史。

整体来看，本书涵盖面广，体系完整，内容丰富，兼具学术性、知识性，语言简明流畅，可读性强，能为读者了解和认识世界多元文化提供丰富的阅读参考。

全书在撰写过程中参阅了许多专家学者的观点和文献资料，在此表示由衷的感谢。由于知识结构及时间有限，书中难免存在不妥之处，恳请广大读者批评指正。

作　者

2021 年 12 月

目录

第一章 世界文化导论

世界文化，是从全球的角度出发，对不同民族、地域和国家以及不同时代文化的总称。它集结了全人类的智慧，应该被整体地加以认识和理解。

世界文化是多元的，理解世界文化，要从文化本身的概念着手，追溯文化的起源和发展，将全世界各种不同的文化统一起来，在整体把握和贯通理解的基础上，具体地感悟具有独特性的各民族、国家和地域以及不同时代的文化，看到区别的同时领会各文化间的联系。

真正地认识和理解文化之后，我们就能明白学习世界文化的重要性和必要性。

第一节　什么是文化

　　理解世界文化的前提是对"文化"这一概念有一定的了解。虽说学界对文化的概念有诸多阐述和概括，但在所有理解和观点的背后，都有一个共同的认知，那就是承认文化由人类创造，属于人类。

一、文化的定义

　　时至今日，文化还没有一个固定的定义。对"文化"一词的定义，在学界可谓众说纷纭，不同学科领域的专家学者都有各自的理解和说法，于是产生了许多有关文化的定义。

　　美国人类学家克鲁伯和克拉克洪在 1952 年合著的《文化：概念和定义的批判性回顾》中，就列出了来自世界各地学者们的 160 多条关于文化的定义。比如，美国人类学家威斯莱认为文化属于某一特定民族的生活形式。英国人类学家泰勒认为文化是"包括全部的知识、信仰、艺术、道德、法律、风俗，以及作为社会成员的人所掌握和接受的任何其他的才能和习惯的复合体"。① 中国思想家、哲学家和教育家梁漱溟认为文化"就是吾人生活所依靠之一切。文化之本义，应在经济、政治，乃至一切无所不包"。中国学者钱穆认为文化是"人类生活的大整体，汇集起人类生活之全体"。

如果将各种对文化的定义归纳起来，主要可分为广义文化和狭义文化。广义文化是指人类在改造世界的活动中所创造的一切成果，包括物质文化和精神文化。狭义文化则是指人类创造的精神成果，包括科学技术、宗教、哲学、艺术、文学、史学、习俗等。

文明与文化的关系

从字面上来看，文明和文化是容易混淆的两个概念。实际上，文明和文化是相互联系而又有所不同的两个概念。对于两者的关系，不同领域的学者也从不同角度出发，做出了不同的阐述，总结如下。

第一，文明和文化差别不大，可以相互通用。持这种观点的人比较多，比如"工业文明"，也可以说成"工业文化"。

---

① 陈佛松．世界文化史概要［M］．武汉：华中科技大学出版社，2001：3.

第二，文化的范围大于文明，文明包含在文化的概念之中。持这种观点的人认为，文化从人类改造世界起就产生了，而文明的概念产生在更高级的文化阶段，比如文字产生的阶段。

第三，文化包含在文明的概念之中，范围比文明小。持这种观点的人认为文化是文明的一个组成要素。

第四，文化和文明是不同的两个概念。持这种观点的人认为，文明与物质、技术等客观的事物相关，文化则与精神、思想等主观的事物相关。

二、文化的特征

世界文化产生于世界上的各个民族、地区和国家，也产生于历史发展中的各个时代。不同民族、地区和国家的文化以及不同时代的文化都有各自的特征，但也有相似或相同的特征。

（一）民族性

文化由生存在相同地理环境和社会条件下的特定人群创造，这一特定人群就是民族。他们在长期的共同生活、劳动和交往过程中逐渐形成了区别于其他民族的相同或相似的语言、习俗、心理等，进而产生了具有鲜明特征的民族文化。因此，每个民族都有其独特的文化，比如中国的 56 个民族都有各自独特的习俗、语言以及节日等。

（二）世界性

文化具有世界性，或者说是共性和相似性。首先，组成世界文化的各个民族的文化都是由人类所创造，都有着共同的向前发展的目标与方向，也都遵循着相似的发展规律。其次，组成世界文化的各民族文化在发展的过程中总要相互影响和碰撞融合，进而产生了某些共性或相似性，即具有了世界性。

（三）时代性

不同历史时代都有其不同的生产和生活方式，有不同的社会条件，也有不同的精神、思想和观念，所产生的文化也就带有本时代的特征，这就是文化的时代性。比如，从中国古代的艺术作品、文物以及文学作品中，我们能够看到不同时代有不同的服装文化，汉代有汉服，唐代有唐装，宋元明清的服饰也各有特色。再比如，欧洲古典时期的神话故事、中世纪时期的上帝文化、文艺复兴时期的人文主义思想、新古典主义时期的理性主义、浪漫主义时期的自由平等思想等都各有特点，产生了不同的文化艺术成果。

（四）继承性

文化虽然随着时代的变化而变化，但这并不是说新时代文化的产生是对传统文化的取代。恰恰相反，新文化必须在继承传统文化的基础上，结合本时代的社会条件而进行新的创造，这就是文化的继承性。比如，中华民族尊老爱幼、勤俭节约等美德和优良品质都是经过几千年不断传承下来的。

（五）发展性

　　文化不是静止不变的，它会随着客观环境的变化而变化，而这个变化的过程其实就是"扬弃"，即取其精华，去其糟粕，在对既有文化不断批判继承和创新改造的过程中得以发展，因此文化具有发展性。比如，人类从原始时期的结绳记事到后来在岩壁上画图记事，再到后来人们发明了文字、纸笔等用来书写和记录，到现在使用电子工具打字记录，文化发生了巨大的变化，这种变化正是文化不断发展的结果。

逐步发展的文字记载工具

　　然而，文化在发展的过程中，也并不总是正向发展，有时也会因为一些社会、时代原因而出现"倒退"，但这种倒退从长远来看是短暂的，不会改变文化不断发展的步伐。

（六）稳 定 性

文化具有稳定性，主要是指文化的某些核心内容会不断被保留、传承，不管文化如何跟随时代的脚步而发生变化，或者不断被融入新的内涵，其核心内容依旧不变。所以，文化的稳定性是相对的，而文化的发展性是绝对的。比如，中华传统文化中的"贵和"思想的核心内容，在如今就体现在"和谐"思想之中，并且被融入了社会主义新内涵，呈现出相对稳定的特征。

三、文化的分类

解释学（Hermeneutics）的相关学说告诉我们，人类认识世界、把握世界的手段与途径在于给目标物命名与分类。有关文化分类的问题是各国学者研究的重点，大致有以下几种分类方法。[①]

（一）主流文化和亚文化

文化有主流文化和亚文化之分，这是一种传统的分类方法。所谓主流文化（Dominant culture），指的是在特定时代、社会背景下广受认同及产生最大影响力的文化。亚文化（Subculture）与主流文化不同，这一类型的文化可能尚未得到官方认可，但在特定群体中产生了一定的影响力。亚文化属于局部的文化现象，能赋予特定的群体以特定的身份，其在思想、价值观念等方面虽然有着自己独

---

① 刘雪.文化分类问题研究综述［J］.泰安教育学院学报岱宗学刊，2006（4）：10.

特的态度与印记，但也有与主流文化相通之处。

（二）公开文化与隐蔽文化

1959 年，美国人类学家爱德华·霍尔的著作《无声的语言》首次出版，书中提出了"公开文化"与"隐蔽文化"的概念。霍尔认为，"公开文化"与"隐蔽文化"是人类文化的两个不同的层面，前者为人们所熟知，是人们能确切感知到，并能用自己的语言进行细致描述的，后者却并不广泛地为人所知，"甚至连受过专门训练的观察者都难以察知"①。

（三）理想型文化、文献型文化、社会型文化

英国著名的马克思主义文化批评家雷蒙·威廉斯在其著作《文化分析》一书中将文化分为三类：理想型文化、文献型文化、社会型文化。理想型文化几乎被认为是真理的化身，有着世俗广泛认同的价值。文献型文化所强调的是文化的记录功能。而社会型文化强调的是文化的社会功能，是对某种生活方式的概括与描述。②

（四）物质文化、精神文化、社会文化、行为文化、观念文化

关于文化的分类，我国学者牛新生根据前人的研究成果，做出

---

① ［美］爱德华·霍尔著，刘建荣译．无声的语言［M］．上海：上海人民出版社，1959：65.

② ［英］约翰·斯道雷著，常江译．文化理论与大众文化导论［M］．北京：北京大学出版社，2010：55.

过如下总结。（1）物质文化，一切通过人工制造或改造得到的东西，如建筑物、食品、用具等。（2）精神文化，包括人类创造的各种非物质形式的艺术作品或文化因素，如各领域的知识、学问、诗词、音乐、电影等。（3）社会文化，能够体现社会关系和社会结构的文化因素，如国家的政治结构、经济体系等。（4）行为文化，包括任何能够为人类行为提供限制的社会行为规则，如礼仪标准、道德准则、婚恋习俗、生活方式等。（5）观念文化，建立在意识形态基础之上的一切观念因素，包括民族信仰、宗教信仰、伦理、思维、价值观等。①

知识小结

　　看待和认识文化的角度不同，对"文化"一词的理解和定义也就不同，学界对文化的多种多样的理解和定义对我们全面地认识和学习文化有非常大的启发作用。

　　博大精深的文化与人类的生活、生产以及发展都息息相关，学习和了解各个民族、各个时期不同类型的文化，将有利于我们创造更加美好的世界。

---

① 牛新生．外语教学中的文化教学［J］．宁波大学学报（教育科学版），2002（12）：142.

第二节　人类文化的起源

人类有着丰富的情感、无穷的想象力和创造力，与动物不同的是，只有人类才会关心宇宙起源、人与自然等诸多深刻命题。人类的诞生，掀开了一系列文化创造活动的序幕，而不同民族、不同地区所创造的精彩纷呈的文化，写就了一段丰富灿烂的世界文化史。

一、图腾崇拜

在原始社会，人们在生产生活中为了获取信心，减轻对自然世界和未知力量的恐惧，开始将某种动物和植物等视为氏族崇拜的对象，这便是原始图腾①崇拜的由来。

每一个民族都拥有自己独特的图腾文化，根据史料记载，华夏民族对龙、凤、火等图腾的崇拜源远流长，而北美印第安人各部落

---

① 图腾，印第安语"totem"的音译，我国学者严复在其著作《社会通诠》中首次引用"totem"一词，并将其翻译为"图腾"。

中，有的崇拜狼、熊，有的崇拜鹿、鹰等。图腾其实也象征着人类早期的社会组织，崇拜同一种图腾的原始人凝结成一个整体，渐渐便形成了社会，拥有了文化发生、发展的土壤。而图腾崇拜同时催生了民族的审美意识，其独特的遗传机制使得这种民族审美代代流传并发扬光大，是民族文化内在生命力的不竭源泉。

图腾浮雕

二、语言和文字的诞生

语言和文字是文化的重要组成部分，又是人类文化传播、文明传承的工具。想要了解人类文化的起源，先来了解一下人类语言与文字的诞生，因为是它们揭开了人类文明的开端。

（一）语言的形成

在文字诞生之前，人们之间的交流和原始文化的传承，主要靠语言及手势、口哨、结绳等相关副语言和"前文字"来进行。我们可以简单地将人类的语言看成一套符号系统，其承托于人类思维之上，能将客观事物及思维活动转化为相关信息予以输出。

人类的语言究竟形成于何时？学界暂时并无明确定论。有的学者认为人类的语言源于人的手势，比如苏联语言学家马尔便支持这种观点。有的学者认为原始人类在生产生活过程中模仿自然界的各种声音，渐渐便形成了不同的语言体系。而恩格斯认为，语言产生于劳动与社会发展的需要。① 随着人类所从事的劳动越来越复杂，人的思维活动和语言体系也变得越来越丰富多样。语言是文化传承的工具，而其起源与分化又促进了人类文化的发展。

（二）文字的产生

人类的语言有着时间和空间上的限制，作为一种书写符号，文字却打破了这种时空限制。人们可以利用文字去记录语言和各种文化活动，也可以用文字来保存信息，传承记忆、情感和思想。文字的产生，标志着人类脱离了原始蒙昧的过去，彻底踏入了文明时代，其在人类文化发展过程中起到了不可替代的作用。

文字发展的阶段

文字发展经历了漫长的过程，在文字形成前，其主要经历了实物记事、结绳记事、刻痕记事、图画记事等阶段。②

---

① 王储. 世界文化史教程［M］. 成都：西南交通大学出版社，2016：7.
② 王储. 世界文化史教程［M］. 成都：西南交通大学出版社，2016：9.

实物记事。在经历了各种具体的实践活动后，原始人类渐渐学会了把身边的各种物件制作成特殊的符号来帮助记忆或传递信息，这种实物记事的方法促进了文字的形成。

结绳记事。渐渐地，原始人类开始采用不同数目、大小、颜色的绳结等来记录重要事项，《周易·系辞》中有明确的记载："上古结绳而治。"除了古中国外，古埃及、波斯、秘鲁等地都曾盛行结绳记事。

刻痕记事。在这一阶段，人们开始在各种生产、生活工具或其他物件上刻痕、绘纹、烧痕，用这种方式去记录重大事项。我国出土的新石器时代的陶器上就有很多特殊符号。

图画记事。这种记事方法大致产生于母系氏族公社繁荣时期，当时的人们将表达各种特殊意图的图画刻在树皮、石头、动物骨头或者皮革上，这种记事方式可以说是文字记事的雏形。图画文字一步步进化为象形文字，而象形文字慢慢又演变成表意文字。

三、原始科技和艺术的萌芽

相关考古发现和研究证明了"史前文明"的存在，其集中体现于原始科技、艺术等方面。追溯人类文化的起源，原始科技和艺术深深地影响、孕育了世界四大文明古国，并为之后人类文明的发展奠定了基础。

（一）原始科技之光的闪现

在人类社会不断向前发展的过程中，科学知识和技术起到了重要的推动作用，后者的不断进步能够保障社会生产力全面协调发展。在原始社会，人类经过漫长的劳动实践，已经积累了一些科技知识，主要体现在工具制作、农业生产、天文地理等方面。

石器时代人类的石制工具

旧石器时代和新石器时代共同构成了原始社会，前者以打制石器为主要生产工具，后者以磨制石器的出现为标志。人类进入新石器时代后，随着石器制作越来越精巧，工艺越来越娴熟、复杂，大规模的采矿业随之诞生。到了新石器时代晚期，陶匠、工匠等职业也开始出现。人类科技之光的初次闪现，使得社会生产力大幅提升。

在农业生产方面，原始人类通过长期的采集和狩猎活动，积累了很多实用知识。他们渐渐掌握了农作物的生产规律，并在动植物的驯化、选育上有了越来越丰富的经验。与此同时，原始人已经具有了一定的天文知识和地理知识。现有一些记载表明，原始人能够根据星辰的位置去分辨方向，并能记住复杂的自然地理环境。

（二）原始艺术风采的绽放

艺术的存在比文字更加久远，从某种意义上讲，原始艺术更像是文化的早期雏形。人类的艺术最早可以追溯到有文字记载的历史以前，如石器时代的壁画、雕塑等。史前艺术也是大多数象形文字的前身——人们通过图画等方式进行记录，而图画内容的不断演进最终发展成为原始的文字。在这一阶段，图画和文字并无本质上的区别。

原始绘画一般存在于各种洞穴中和岩石上，比如在西班牙阿尔塔米拉洞穴里发现的岩画《受伤的野牛》举世闻名，它有着突出的绘画风格和杰出的艺术表现力，堪称最经典、最受瞩目的史前绘画作品。原始社会的雕刻艺术亦独具魅力，其中的代表作品有旧石器时代遗址上发现的女性雕塑，它被称为沃尔道夫的维纳斯。

现今形式多样、精彩纷呈的音乐和舞蹈艺术也源自史前时代。远古人类在呼声和言辞的不断重复中感受到旋律的魅力，并学会了歌唱，渐渐地发明了各种器乐。史前舞蹈则产生于宗教、巫术等活动，另外原始人类狩猎出征或劳作之余，也载歌载舞。

西班牙阿尔塔米拉洞穴里的壁画

原始艺术作为人类独有的创造，为人类智力与能力的发展和运用提供了巨大的空间，可以毫不夸张地说，原始艺术就是划开人与动物之间界限的启示录。

知 识 小 结 ······●●●●●

文化是人类社会特有的现象。追溯人类文化的起源，要从原始人类的图腾崇拜和人类语言与文字的诞生谈起。图腾崇拜启发了民族审美意识，语言的形成和文字的产生使得人类初始的文化轨迹得到记录与传承，这都奠定了人类文化发展的基础。

而原始科技和艺术的萌芽使得人类最终脱离了野蛮时代，正式开始了文明历史的演进过程。

第三节　为什么要学习世界文化

多姿多彩的世界文化，能够为各民族、各地区、各国家的文明发展和存续提供肥沃的土壤。在信息纷杂、文化多元的时代，唯有积极学习世界文化，并保持文化思辨力，才能抓住时代机遇，最终实现民族文化的复兴，树立民族文化自信。

一、有利于开阔文化视野

我国著名的世界文化史专家庄锡昌先生曾强调："人除了谋求生存需要必需的物质生活外，还需要精神文化的生活。"

国家的进步离不开物质文明和精神文明同步发展。要创造和发展优秀的社会主义文化就不能人为地隔绝、屏蔽人类的文化历史，反而要主动地去了解人类文化"萌芽—兴起—繁盛"的过程，积极拥抱丰富多元、精彩纷呈的世界文化，这样才能有效拓宽国人的文化视野，让中华民族在时代的竞争中始终立于不败之地。

二、有利于发展本民族文化

学习世界文化，了解各民族文化发展史，对于提升一个国家或文明的文化韧性，具有积极的作用。纵观历史，任何一个民族的文化都是在融合、吸收周围先进、成熟的文化的过程中才形成了自己独特的文化内涵。故步自封，只会令本民族的文化逐渐丧失文化竞争力。灿烂的中华文明，在上下五千年的发展历程中，正是通过对各民族文化的不断分析、吸收、融合，才能够从更加丰厚的文化土壤中汲取营养，最终取得如此辉煌的成就。

在文化大同的今天，主动学习世界文化史，吸收人类文明发展过程中的优秀成果，能极大促进本民族文化的发展。

三、对文化的理性思考与批判继承

在积极采用、学习和借鉴世界优秀文化成果和先进技术的同时，也要取其精华、去其糟粕，唯有理性地思考、批判性地继承，才能保证本民族文化的健康发展。如果对一种观点或某项学术成果不假思索地全盘吸收或否定，反而可能会导致文化危机。

知识小结

在人类文明演进的过程中，不同文明体之间虽然不可避免地存在着碰撞与冲击，却也在相互交融、吸收与借鉴中向前发展。异质文化之间的沟通与融合仍然是现今文明发展的趋势。

在这种趋势下，中华民族应在保留优秀传统文化的基础上，以更开放的心态去拥抱世界文化，如此才能拓宽文化视野，在激烈的国际竞争中始终保持文化优势。

回顾与延伸

在历史缓慢推进的过程中，人类的实践与探索活动推动了文化的诞生与发展，而一个地区、一个国家、一个民族积存至今的文化成果又深刻地反映了该地区、该国家、该民族从古至今的生活方式。正因如此，现当代很多学者一致认为，对世界历史的研究归根到底是对世界文化史的研究。

世界文化发展的历史厚重而绵长，它不是对某些历史事件的单一叙述，也不是对某些文明成果、文化遗产的列举与解说，它是人类向自然宣战、实现自我理想过程中所取得的物质与精神成果的总和。文化是民族的，也是世界的，历史悠久的尼罗河、幼发拉底河和底格里斯河、恒河及中国的长江黄河孕育出了四大文明古国，佛教、基督教和伊斯兰教这三大宗教的发展与传播亦促成了截然不同的思想、艺术体系的诞生……分散各地的人们共同创造了丰富多彩的世界文化。而我们要在把握世界文化发展的核心与大致脉络的基础上，对世界文化及文明发展史有提纲挈领式的了解，在积累知识的同时不断地开阔视野，努力加深对世界的认识。

第二章

古埃及文化

　　位于非洲东北部尼罗河中下游的古埃及，是世界上著名的"四大文明古国"之一，尼罗河两岸肥沃的土壤，养育了这里古老的先民们，他们在此繁衍生息，创造了悠久而厚重的古埃及历史文化。古埃及文化，博大精深且卓尔不凡，辉煌灿烂中又呈现出与众不同的特色。它不仅拥有一整套成熟的文字系统，而且有着完备的多神信仰的宗教系统，在文学艺术、雕塑、绘画以及科学技术等方面，都对人类文明、文化史的发展做出了杰出的贡献，也对后世的古希腊文明、古罗马文明以及犹太文明，产生了巨大而深远的影响。

【文化要点】

✿ 深入理解古埃及和古埃及文化的起源。

✿ 认识古埃及灿烂的科技文明和建筑艺术。

✿ 深入了解古埃及的文字、文学与宗教信仰。

✿ 对古埃及的社会风俗有初步的认识与了解。

第一节　古埃及文化的起源

早期人类文明发展的共性之一，就是都和河流有关，如中国的黄河、长江，孕育了底蕴厚重的中华文明；底格里斯河和幼发拉底河，诞生了美索不达米亚文明。同样，古埃及文明的起源，也和尼罗河有着密切的关系。

一、孕育古埃及文明的尼罗河

古埃及，作为世界四大文明古国之一，有着深厚的历史底蕴。在称谓上，古埃及人常常以"凯麦特"来命名自己的国家。在古埃及的语境中，"凯麦特"这一词语是指被尼罗河灌溉过的黑土地。尼罗河是古埃及人的生命之源和文明诞生的"催化剂"，时时滋养着这个人类社会的早期文明。

从古埃及所处的地理位置来看，地处北回归线附近的埃及，因常年受副热带高压的影响，形成了炎热的气候特征，降水也极为稀少，这样的一个自然环境，原本并不具备形成人类早期文明的必要条件。

值得庆幸的是，全长 6670 千米的尼罗河，从古埃及境内蜿蜒而过，贯通南北，为古埃及文明的诞生提供了极大的可能。

由于尼罗河哺育了埃及人民，哺育了埃及的古老文化，因此古希腊史学家"史学之父"希罗多德称"埃及是尼罗河的赠礼"。[①]一年一度泛滥的尼罗河，为古埃及人提供了宝贵的土地资源和水资源，洪水泛滥后形成的肥沃土壤，使得古埃及的农业生产获得了巨大的成功。在这片富饶的农耕之地，古埃及的文明就如一艘巨轮扬帆起航，在世界文化发展史上开辟了一片"新天地"。

非洲土著尼格罗人，最早迁徙到尼罗河河畔生活；随后不久，来自亚洲的哈姆人也来到了尼罗河谷地；接着西亚地区的塞姆人也成群结队地抵达埃及。这三个种族在长期的融合过程中，形成了一个新的部族，这就是早期的"古埃及人"。

土地和气候对古埃及文明的影响

在人类早期文明中，土地和气候等自然条件对文明的孕育和诞生起着重要的作用，对于古埃及文明而言，同样也是如此。

---

① 董小川．世界文化史［M］．北京：高等教育出版社，2002：26.

众所周知，埃及大多数地方被沙漠覆盖，然而长达6000多千米的尼罗河从埃及境内蜿蜒流淌而过，不仅形成了肥沃的尼罗河谷地，还在流入地中海之前，在埃及入海口处附近冲积出了一个倒三角形的丰腴地带，这就是埃及境内著名的尼罗河三角洲。

在旧石器时代，无论是尼罗河谷地，还是三角洲地带，其实都不适合人类居住。这是因为尼罗河水每年都要泛滥，淹没尼罗河谷地长达三个月之久，水退之后，茂密的植被又成了这块土地上的"主宰"，荆棘丛生，这就使得古埃及的原始居民很难在上面种植农作物，只能以狩猎为生；同样，三角洲地带也是如此，处处泥沼，荒草萋萋，不适宜农耕文明的孕育。然而，随着气候逐渐变得干燥起来，尼罗河谷地和三角洲地带曾经茂密的植被减少，居住在非洲东北部的原始居民，纷纷向河水泛滥后留下厚厚淤泥的尼罗河两岸聚拢，并在这两大区域内开垦荒地，兴修水利，种植谷物，一步步定居下来。文明的种子在这里萌发生长，从而造就了辉煌灿烂的古埃及文明。

二、古埃及文化的起源与发展

在古埃及早期的氏族公社时期，凭借着尼罗河得天独厚的自然条件，勤劳的古埃及人已经拥有了石铲、石刀、石锄等石制工具，也会制造简陋的陶器、铜刀等器物，还学会了建造房屋，不过此时他们依旧处于典型的母系氏族时代。

在古埃及氏族公社后期，古埃及人通过冶炼铜的方式，可以制作出刀、斧等器具，借助这些器具，古埃及人开始修建水利设施，农耕技术得到了极大的提升，这也极大地促进了社会生产力的提升。这一时期，在肥沃的三角洲和尼罗河谷地，大麦和小麦等农作物也得到了较为广泛的种植。

显然，有了富饶的三角洲和尼罗河谷地作为后盾，在农业生产的推动下，古埃及的手工业和商业也得到了进一步的发展，这些都为古埃及文化的诞生发展提供了强大的物质保障。

随着社会财富的逐渐增加，古埃及人由原始的土制小屋，逐步过渡到本氏族共同建造的城堡居住模式，此时已经出现了城市的雏形。在当时的尼罗河两岸，城邦林立。

城邦中的上层贵族拥有军事、行政、司法、祭祀等大权，贫富的分化导致阶级的产生，形成了上层贵族和下层平民与奴隶等阶层的对立。

距今约7400多年前，以法尤姆地区为中心，古埃及人所建立的城邦规模进一步聚集，各城邦为了争夺土地、人口、水源等资源，开始了连年不断的兼并战争。在此基础上，形成了国家的雏形，因此古埃及真正文明的肇始，大约形成于距今7450年前下古埃及的法尤姆地区（即公元前5450年左右），古埃及人也由此迈入了世界文明的殿堂。

约公元前3500年，在古埃及人开辟的尼罗河谷地，出现的早期国家一共有十几个之多，然而随着这些早期国家连年的战争兼并，古埃及呈现出了局部统一的状况，最终形成了两个主要的国家。一个是位于埃及南部的上埃及王国，另一个是位于埃及开罗及其以北的下埃及王国。

上埃及王国以白色王冠为主要的王权装饰品，图腾崇拜为鹰神荷鲁斯，国徽为蜜蜂；下埃及王国以红色王冠为主要的王权装饰品，图腾崇拜为眼镜蛇。

约公元前3100年，随着上埃及王国实力的逐渐增强，上埃及王国国王美尼斯开始了统一战争，他通过一系列的对外扩张和兼并等军事行动，将下埃及王国收入囊中，一举实现了上、下两大古埃及王国的统一，建立了古埃及历史上第一个大一统的王朝，埃及法老从此登上了历史的舞台。

随着古埃及统一王朝的建立，在这片古老的土地上，世界上最早的数学、几何学也随之出现了。聪明的古埃及人用莎草造纸，用芦苇当书写的工具，人类历史上最早的书写记录也由此诞生。

按照后世德国学者列普修斯的划分，古埃及王朝的历史分期如下：

早王朝时期　约公元前 3100 年—公元前 2686 年（第 1 王朝—第 2 王朝）

古王国时期　约公元前 2686 年—公元前 2181 年（第 3 王朝—第 6 王朝）

第一中间期　约公元前 2181 年—公元前 2040 年（第 7 王朝—第 10 王朝）

中王国时期　约公元前 2040 年—公元前 1786 年（第 11 王朝—第 12 王朝）

第二中间期　约公元前 1786 年—公元前 1567 年（第 13 王朝—第 17 王朝）

新王国时期　约公元前 1567 年—公元前 1085 年（第 18 王朝—第 20 王朝）

第三中间期　约公元前 1085 年—公元前 667 年（第 21 王朝—第 25 王朝）

后王朝时期　约公元前 667 年—公元前 332 年（第 26 王朝—第 31 王朝）

我们所学的古埃及文化的主要创造期，就是由这 31 个王朝所构成的。

知 识 小 结

古埃及文化的起源，和世界第一长河流尼罗河之间有着密切的关系，可以说，是尼罗河孕育了古埃及辉煌灿烂的历史文明。另外，聪明勤奋的古埃及人，在尼罗河河畔开辟了盛产粮食的尼罗河谷地，在这片富饶的土地上，他们统一了各个林立的小邦国，在大一统的局面下，创造出了令人叹为观止的文化成就。

第二节　科学技术

在四大文明古国中，古埃及的文化独树一帜，在世人的眼中，充满了神秘的色彩。早在数千年前，生活在尼罗河河畔的古埃及人就创造出了令后世为之惊叹的辉煌文明成就。古埃及人很早就积累了许多关于天文学、数学、医学、物理学和化学等方面的科学知识，这些知识随着埃及社会的进步而发展，并为后世取得更高的成就打下了一定的基础。① 以科学技术为代表的"文明之花"，在这片古老的土地上绽放异彩。

一、古埃及的历法

古埃及的历法创造，经历了创太阴历和创太阳历两个阶段。

太阴历，是古埃及人较早使用的一种历法。古埃及人在长期的星象观察中，以天狼星作为参考，将天狼星的变化周期作为一个恒

---

① 杨超，紫都. 世界文化史［M］. 呼和浩特：远方出版社，2005：104.

星年。一个恒星年，约等于一个回归年长。

在使用中，古埃及人将新月作为太阴历的月首，一个月通常为29或30天，一年由十二或十三个月组成。

不过，因为太阴历的年长和回归年长不通约，所以带来了一系列的问题。比如在农业生产上，太阴历已经满足不了实际生活中生产方面的需要，由此迫使古埃及人必须创立新的历法来取代太阴历。

为了创立新历法，古埃及人一方面对尼罗河涨落的周期性规律进行仔细观察，通过日积月累的分析记录后得出结论，尼罗河涨落的一个周期为365天，古埃及人就将这一时间范围定为一年，每365天后，就是新的一年。

另外，古埃及人还根据尼罗河泛滥涨落的具体情况，将其一个涨落周期分为泛滥季、播种季、收割季三个阶段，每一季又具体可分成四个月的时长，一年分三季，全年十二个月，每月定为30天。剩余的5天，在年末的时候加进去，作为一年中的盛大节日。

此外，他们又认真观察天象，将天狼星和太阳共同从地平线升起的那一天记录下来，作为一年的岁首。

古埃及人通过这种方式，确定了不同于太阴历的新的历法，也即太阳历。太阳历和回归年的误差进一步缩小，两者相差仅仅只有1/4天。

太阳历是人类历史上最早出现的极为先进的历法，也是现代公历的源头所在。古罗马的"儒略历"以及后世盛行全世界的"格里高利历"，都源自古埃及人的太阳历。

古埃及人长期对天象的观察，使得他们积累了深厚的天文学知识。比如，在公元前1567年左右的新王国时期，古埃及人就已经可以绘制出多达43个星座的位置，也能根据恒星和行星之间的不同将二者区分开来。这些天体知识，充分展现了古埃及人科学技术的发展状况。

二、古埃及的医学

古埃及的医学被称作是古代埃及人的传统医学，大约起源于公元前 3300 年。公元前 525 年，波斯帝国入侵埃及后，古埃及的医学宣告终结。

（一）古埃及医学和宗教的共生关系

在古代埃及，医学的发展和古埃及人的宗教信仰之间有着密不可分的联系。那时的人们，面对身体上各类疾病的产生，还不能给出科学合理的解释，他们往往将这些疾病的成因和宗教迷信联系起来，认为只有进行一定的宗教仪式，才能消除疾病带来的痛楚。

正因如此，古埃及医学的起源，离不开他们特定的宗教信仰以及从事宗教活动的各类巫师与祭师。这些巫师或祭师对病人进行一定的宗教治疗仪式时，也往往能够根据自身长期的实践经验，采用一些药物和医学手段对病人进行治疗。久而久之，从巫师或祭师这里流传下来的药物和治疗手段，就成为古埃及最早的医学发展源头。

伊姆霍特普是古埃及医学的真正奠基者，他大约生活在古埃及的第三王朝时代，作为一名享誉后世的祭司、天文学家和伟大的建筑学家，伊姆霍特普对古埃及科技文化的传承和发展起到了重要的作用。

比如在对病人进行治疗时，伊姆霍特普一方面使用巫术，从心理层面对病人进行精神安慰；另一方面，他还会采取药物等治疗手段，促使病人尽快痊愈。将巫术和科学相结合，或者说，巫术向科学靠拢，是古埃及医学发展的一大特色。

（二）古埃及木乃伊和医学典籍

谈到古埃及医学的发展，木乃伊应该说是其医学发展成就中最为杰出的代表之一，也是古埃及医学高度发达的最好物证之一。

在制作木乃伊的过程中，古代埃及人掌握了扎实的解剖学知识，在具体解剖时，他们进一步了解到了人体内部的血液循环和心脏之间的联系，同时也积累了很多化学方面的知识，如此才能使得被制作完成的木乃伊得以长期保存完好。

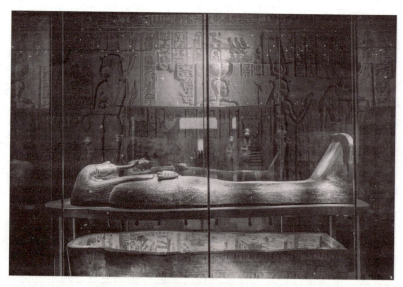

埃及木乃伊

在医学发展上，古埃及人还为后人留下了无数珍贵的医学典籍。流传至今的主要有《埃伯斯纸草卷》《史密斯纸草卷》《赫斯特纸草卷》《药物录》《拉洪纸草卷》《柏林纸草卷》《伦敦纸草卷》等。

　　从这些医学典籍中人们可以看到古埃及人完备的医学发展体系以及完善的医学分科，如内科、外科、眼科、妇科等，在这一历史时期都有了专业的医学分工。比如《史密斯纸草卷》主要记录外科方面的内容，妇科方面的内容主要记录在《拉洪纸草卷》中。而《药物录》一书中记载了很多药物的疗效和功用，堪称古埃及第一部详尽的医药学著作。

神秘的木乃伊

　　木乃伊是古埃及医学发展史上最有特色的一个代表。经古埃及人制作而成的木乃伊，历经数千年而不腐，堪称一大医学奇迹。

　　简单来说，古埃及人在制作木乃伊的时候，先动手解剖，将死者的脑浆和内脏等容易腐败的部分取出来，尔后将处理干净的尸体放在由盐水和防腐剂制作而成的溶液里浸泡一段时间，接着取出晾干。接下来，制作木乃伊的古埃及人会在尸体内部塞入香料，外部用膏油涂抹，前后经过长达两个多月的制作，裹上麻布的木乃伊便宣告成功，封棺后下葬，就能够较为长久地保存下去了。

（三）古埃及的数学与物理

尼罗河是古埃及文明起源的重要载体，它不仅哺育了众多的古埃及人，也为古埃及早期数学的诞生提供了必要的可能。

原来一年一度泛滥的尼罗河，使得古埃及人不得不面对土地丈量的困境。每一次丈量完土地之后，第二年卷土重来的洪水又将头一年辛辛苦苦的丈量痕迹几乎完全抹去，人们不得不一次又一次地重复丈量，频繁地与数字打交道，再加上建筑神庙、金字塔等现实方面的需要，渐渐地，以算术、代数和几何为代表的数学学科，也在古埃及得到了长足的发展。

在数学方面，古埃及人已经知道了乘法之外的加、减、除运算法则，制定了 10 进位制的计数规则，还通过计算圆周率得出了 3.1605 的数值，其他诸如梯形、矩形、三角形等几何图形的面积计算，也都能熟练掌握。

在物理学科上，古埃及人初步掌握了一些基础的物理学常识，如在建造神庙、金字塔时，他们学会了运用杠杆、滑轮等辅助工具。水钟这一滴水计时器，也是古埃及人的杰作，这是世界上最早的计时器物。

知 识 小 结

古埃及科学技术发展的突出成就，和古埃及人现实生活需要、社会生产发展的外在推动以及宗教信仰之间，都有着紧密的联系。农业的发展，促使古埃及人将历法应用到农业生产的实践中，通过长期观察，创立了世界上最早的历法；巫术与祭祀等宗教内容的发展，推动了古埃及人医学方面的进步；日常建筑、丈量等现实需要的内在驱动，激发古埃及人掌握了数学、物理等方面的科学文化知识。

第三节　建筑与艺术

　　古埃及作为世界四大文明古国之一，在雕刻、绘画、建筑等艺术上取得了非凡的成就。这些人类文明史上的艺术精品，都带有深刻的宗教底蕴和文化印记，是古埃及人独特的人文传统及精神的集中反映，在世界文化艺术宝库中也占有一席之地。

一、古埃及建筑艺术概况

　　古埃及的建筑主要分布在三个历史时期，分别为古王国时期、中王国时期以及新王国时期。古王国时期的建筑以金字塔为代表，中王国时期的建筑以石窟陵墓为代表，神庙建筑则是新王国时期的重要代表。

　　其中，金字塔和神庙是古代埃及建筑艺术史上最为杰出的代表，比如被世人所熟知的胡夫金字塔、卡尔纳克神庙和阿布辛贝神庙等。

（一）金字塔

金字塔是古王国时期古埃及建筑艺术的光辉典范，在这一历史时期，古埃及那些伟大的建筑师为了展现出金字塔神秘、庄严、雄伟的艺术风格，在建筑外形上，选用了庄重沉稳的几何形体，突出规模庞大的特征；在内部布局上，采用精准的对称轴线和纵深的空间构造，设计极为巧妙。

人们常说的大金字塔，主要是指位于埃及首都开罗近郊的胡夫金字塔、哈夫拉金字塔、孟卡拉金字塔，包括狮身人面像在内，这三大金字塔，是古埃及金字塔建筑艺术的巅峰之作。

胡夫金字塔是三大金字塔中体形最大的一座。从外形上看，胡夫金字塔呈正四锥体形。原有塔高为146.59米，因风沙侵蚀问题，现有塔高为136.5米左右，塔身斜度为51°52′。整座建筑矗立在漫漫黄色沙漠之中，古埃及人在生产力极其原始的条件下，能够建造出一座如此气势恢宏的建筑物，千百年来令无数人为之赞叹不已。

胡夫金字塔和狮身人面像

（二）卡尔纳克神庙和阿布辛贝神庙

1. 卡尔纳克神庙

卡尔纳克神庙和阿布辛贝神庙是古埃及新王国时期建筑艺术的重要代表。卡尔纳克神庙位于今埃及城市卢克索的北部，尼罗河的东岸，建造年代约在距今 3900 多年前。从中王国后期开始，直到新王国末期为止，中间经历了一个漫长的建造过程，是埃及所有神庙中最大且最为壮观的一座。

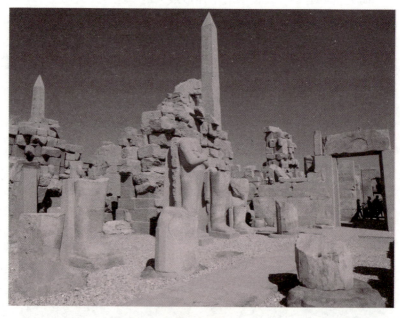

卡尔纳克神庙

卡尔纳克神庙占地 24.28 公顷，神庙中有大小 20 余座神殿，其中主殿由 134 根巨大的石柱构建而成，分为 16 排，其中最大的石柱高达 21 米，柱身上雕刻有浮雕和象形文字，这些浮雕和象形文字不仅是对国王丰功伟绩的赞美，也是古埃及宗教文化的一种展现。神庙整体上气势恢宏，给人以强烈的视觉冲击力。

卡尔纳克神庙是古埃及重要的宗教遗迹，从它的建造艺术上看，神庙不仅是古埃及历史文化的典型象征，同时也是古埃及绘画、雕刻艺术的全面展示。学者在研究古埃及中王国和新王国的历史文化时，卡尔纳克神庙自然是重要参考。

2. 阿布辛贝神庙

在埃及阿斯旺南部的尼罗河岸边，在陡峭的悬崖之上，矗立着一座庄严肃穆的大型宗教建筑，这就是古埃及历史上大名鼎鼎的阿布辛贝神庙。

阿布辛贝神庙建造于古埃及新王国第十九王朝的拉美西斯二世时期，距今已经有 3300 多年的历史了。整座建筑由牌楼门、巨型的拉美西斯二世摩崖雕像以及前后柱厅和神堂等部分组成，高 30 米，进深 67 米，前后历时二十余年才得以建成。

神庙内部的壁画蕴藏着丰富的历史信息，上面除绘制了一些宗教仪式之类的画面外，还有表现国王带领军队作战的画面以及相关的铭文等，是古埃及王权力量的重要象征。

20 世纪 60 年代，由于埃及人口的大量增加，为合理分配水源，扩大土地灌溉面积，埃及政府决定联合苏丹，建造阿斯旺大坝。阿斯旺大坝的修建，势必要影响阿布辛贝神庙遗址的安全。

在这样一个情况下，阿布辛贝神庙的迁移势在必行。埃及政府方面为了较好地保护这座神庙，经过选址论证，最后决定将神庙整体后移将近 200 米，搬迁至高出河床水面 60 余米的后山之上。

建筑师们先是将神庙中的石块一一完整拆除，尔后分类逐步迁移，最终历时约 4 年，一座原样复制过来的完整神庙，再次呈现在了世人面前。

除卡尔纳克神庙和阿布辛贝神庙外，卢克索神庙也是古埃及较有代表性的神庙建筑。

阿布辛贝神庙

卢克索神庙

古埃及建筑艺术的主要特点

古埃及的建筑艺术，是世界文化遗产宝库中的不朽杰作，建筑水准也堪称大气完美。综合来说，古埃及的建筑艺术有这样几个鲜明的主要特征。

一是宗教氛围浓厚，古埃及人将对神和国王的崇拜——用建筑的方式展现出来。比如他们崇拜太阳，认为法老是太阳的化身，法老去世好似太阳落山一般，因此他们将金字塔都建造在尼罗河的西岸一带。

二是古埃及的建筑整体规模宏大，将永恒和静态的理念蕴含其中，以正方形或三角形几何体为主，气势非凡。

三是结构巧妙，将雕刻和绘画艺术蕴含其内，通过这些宏大建筑上的雕刻和绘画，很好地展现了古埃及厚重悠久的历史文化。

二、古埃及的雕刻、绘画和音乐艺术

从总体上看，古埃及的雕刻、绘画和建筑一样，内容上多和宗教有关，是为上层贵族阶级服务的。在题材来源上表现出极为广泛的特征，如有历史故事的描绘，对神话传说的再现，以及各类现实生活场景的白描等。这些弥足珍贵的艺术品，是对古埃及历史文化的忠实记录，具有重要的史料研究价值和艺术价值。

此外，古埃及的雕刻和绘画带有鲜明的时代特征和文化特征，突出"稳定和传统"两大特色。比如在古王国时期，法老以及那些达官贵人的石刻雕塑肖像，呈正面、凝视、呆滞的面貌特征，也即以"正面侧胸式"的表现手法呈现在世人面前，给人一种凛然不可侵犯的印象。这一雕刻手法在整个古埃及时期，一直未有太大的变化，尊崇"秩序和权威"的传统始终存在，稳定不变，并一直深深影响着这一历史时期大多数的雕刻艺术。

和雕刻相比，古埃及的绘画艺术风格呈现出较为活泼的一面，如奔跑的牛、水中的游鱼以及空中的飞鸟等，这些画面中的飞禽走兽都极为生动逼真，与呆板、严肃的雕刻艺术有着很大的不同。

在绘画上，中王国时期的《纸草丛中的猫》和新王国时期的《三个女乐师》等几幅作品，是古埃及绘画艺术上的杰出代表。

在工艺艺术上，法老图坦卡蒙陵墓出土的金制宝座、面具、王冠等珍贵工艺艺术品，每一件都精美绝伦，上面精美的彩绘和雕饰，更是令人叹为观止，充分彰显了古埃及工匠们高超的艺术水准。

古埃及的音乐艺术有着将近5000年的历史，主要以祭祀仪式和宫廷音乐为主。在公元前3100年左右，古埃及的音乐人就已经开始广泛使用贝尼琴、纳菲尔琴（琉特），管乐器赛比笛、双管玛穆等乐器，音乐文化极为丰富。

从出土的各种文物中也可以看出，在古埃及时期，宫廷贵族的生活日常中，音乐占据了很大的一部分，舞蹈、吟诵诗歌等活动，都离不开音乐的伴奏。

知识小结 ·····●●●●●●

　　古埃及人的文化心理特征，以庄严稳重为核心，这一理念也深刻反映在了这一历史时期的艺术和建筑上面。无论是金字塔的修建，还是神庙的建造，乃至雕刻、绘画等艺术的创作，大都遵循着这一点。加上受其较为封闭的自然环境的天然性束缚，在长达数千年的古埃及文化衍生期，这个文化特质一直能够较为稳定地传承下去，这也是古埃及文化特有的印记。

第四节　文字与文学

文字是文明形成和发展的重要载体，文字的诞生以及文字诞生之后衍生出来的文学艺术，是文明成熟的重要标志。古埃及文明也是如此，象形文字的出现，标志着古埃及人已经迈入了文明社会。

一、古埃及的文字

（一）象形文字

古代埃及人使用的文字为象形文字，这也是他们历史最为悠久的文字。① 象形文字是一种以绘画形式为主的文字体系，常刻在神庙、墓室以及其他一些建筑的墙壁上。在古埃及时期，大约在公元前 3100 年，也即古埃及涅伽达文化 Ⅱ 期之后，象形文字得

---

① 杨超，紫都. 世界文化史［M］. 呼和浩特：远方出版社，2005：98.

以形成，并一直传承到公元 4 世纪左右才逐渐消失，前后流行了大约 4000 年。

在文字属性上，象形文字属于表意符号，也就是将事物的概念和标记以一定的图形符号表现出来。不过自象形文字诞生之后，一直未能发展成为字母文字。因为象形文字复杂难写，所以当新的文字出现后，象形文字便被替代了。

象形文字是破解古埃及文明的一把神秘的"钥匙"。象形文字的再次问世并受到世人的关注和研究，和拿破仑的一次军事行动有关。

古埃及象形文字

公元 1798 年，拿破仑率领法国军队开始对埃及展开军事行动。第二年，拿破仑手下的一名士兵和其他战士一起，在尼罗河河口附近的罗塞达镇挖掘战壕，无意中发现一块刻有神秘文字的石碑，因石碑是在罗塞达镇发现的，所以被命名为"罗塞达碑"。

罗塞达碑上面，除神秘文字之外，还有两种文字，一种是埃及的世俗文字，一种是古希腊文，而上面的神秘文字，很快被学者认定为是失传已久的古埃及象形文字。

很快，诸多学者和文字专家展开了对罗塞达碑上古埃及象形文字的研究翻译工作。1802 年，瑞典的一位外交家通过对罗塞达碑上的世俗文字和希腊文字的对比，辨认出了"托勒密"一词；随后不久，一名物理学家又从碑文上面的象形文字中，辨别出和世俗文字中"托勒密"相同的字词。

1822 年，法国一位名叫让-弗朗索瓦·商博良的 32 岁学者，通过进一步辨认，不仅证实了先前那位物理学家对碑文上象形文字中"托勒密"一词的识别，同时他还进一步辨认出了古埃及女王克里奥帕特拉的名字。

受到鼓舞的他再接再厉，又一举破译了碑文上 70 多位古埃及国王的名字。1824 年，由他编撰的《象形文字概论》一书出版。在这本书中，商博良对古埃及的象形文字进行了系统的破译，其中对词语、句子都有完整的解读。他的这一著作成为世人破解古埃及象形文字的必备参考书籍。随着商博良开创性的破译工作，古埃及的文明那神秘的面纱才得以被进一步揭开。

（二）古埃及象形文字之后的其他字体

古埃及的文字在诞生之后，经历了一个漫长的演进过程。在象形文字之后，从难到易又分化为祭司体、世俗体、科普特文字三种字体。

祭司体，又被称为僧侣体，出现在公元前 3500 年左右。祭司体文字因掌握在祭司阶层的手中，并作为他们之间书写交流的工具，所以被命名为"祭司体"。

在日常生活中被大众所使用的文字，被称作"世俗体"，以区别于祭司体。公元前 7 世纪左右，世俗体逐渐推广普及开来，逐步将祭司体取而代之。

虽然祭司体和世俗体都源自象形文字，不过它们在书写方式上却和象形文字有着很大的不同。象形文字横向或竖向书写，从左到右或从右到左都是可以的；祭司体和世俗体却不同，这两种文字无论是横向或竖向，都必须遵循从右到左的规则。

到了公元 3 世纪的时候，随着希腊、罗马侵入者的到来，古埃及民众在压力之下，不得不改信基督教，基于此，古埃及人在 24 个希腊字母的基础上，又添加了 7 个字母，从而产生了一种新的文字，这就是被称为新埃及文的"科普特文字"。

不过在今天的埃及，科普特文字也逐步被淘汰，使用范围也仅限于基督教的传播和祈祷等方面，对于大多数的埃及人来说，科普特文字已经非常陌生了。

文字产生后，古埃及主要的文字书写工具也随即产生了。考古资料表明，古埃及人在书写时，主要采用的是刻刀和石头，具体选用哪一种，则需要根据自身的实际条件而定。在日常生活中，古埃及人就依靠这两种书写工具，将文字刻在宫殿或神庙的建筑上，或者是达官贵人墓穴的墙壁上，这些都成为日后学者研究古埃及文化的重要历史遗迹。

在书写材料上，古埃及人的书写载体是一种名叫纸草的东西。在古埃及时期，纸草非常名贵，只有在书写重要的文书时才使用。后来的古希腊和罗马，其文字的书写材料也常以从古埃及引进的纸草为主。

古埃及受人尊崇的职业——书吏

　　古埃及的文字复杂难写，正因如此，能够熟练掌握古埃及文字的，只有祭司阶层和贵族子弟等少数人而已。在古埃及时期，当文字的书写成为一门必须经过长期训练才能够掌握的技能之后，就应运而生了一种名叫"书吏"的新职业。想要成为一名书吏，首先要进入专门的学校中学习，从模仿抄写经典作品开始，有了对文字架构的初步认知后，再进一步练习复杂的文字写作，如信件、地名、专有名词以及数学运算因子等难度高的文字，长久地练习下去，达到了一定的水平，才会被视作学有所成，并在实际生活中享有免交赋税等特权。不可否认的是，书吏的产生对古埃及文化的保存起到了不可替代的作用。

二、古埃及的文学

　　古埃及文字的产生，为古埃及文学的繁荣兴盛提供了必要的条件支持。在日常的生产和生活中，古埃及人创造了大量的文学作品，其中主要有智慧文学、诗歌、小说、旅行记等。

（一）智慧文学

古埃及的智慧文学，其学习者以王室成员和贵族子弟为主，主要内容有格言和训导两大类。其中流传后世的智慧文学代表作有《普塔霍特普之教谕》《阿米尼斯一世训示》《阿里格言》《伊浦味箴言》等。

（二）诗歌

古埃及人创作的诗歌主要分为宗教诗、赞美诗、民间歌谣三大部分。在这三者之中，宗教诗占据着重要的地位，作品数量也最多。例如《亡灵书》中，就记载了古埃及大量此类的诗歌，具有一定的史料价值和文学价值。

古埃及的赞美诗又被称作"颂诗"，主要是对法老或国王进行美化的一种赞歌。在众多颂诗之中，《阿顿颂诗》是杰出的代表，全诗洋溢着对大自然和劳动场景的讴歌与赞美，语言清新自然，极富艺术感染力。

古埃及的民间歌谣反映了古埃及劳动人民喜怒哀乐的情绪感受，富有浓郁的生活气息，也侧面表达了底层民众对剥削阶级的讽刺和批判。其中的《打谷歌》《庄稼人的歌谣》等是优秀的文学作品。

（三）小说

古埃及的中王国时期，小说这一文学体裁登上了历史的舞台。如《能说善道的农夫的故事》《昂普和瓦塔两兄弟》等优秀作品，反映了当时的社会矛盾，也是劳动人民心声的流露。

（四）旅行记

古埃及国力的鼎盛时期是在中王国和新王国两个历史时期，这一时期的古埃及称霸北非和西亚。伴随着国力的强盛，许多古埃及的商人们开始乘船前往海外，他们将所见所闻汇编下来，就形成了"旅行记"这一文体。其中以《威纳蒙旅行记》《沉船记》为主要代表。

知识小结

古埃及的文字和文学，作为古埃及文明发展进程的一种有效载体，对古埃及大量的文化遗产进行了有效的记录和保留，不仅有力促进了古埃及社会文化的发展，同时在很大程度上深深影响了世界文化的演进过程。腓尼基人在吸收了象形文字的精华的基础上，创造出了一套拼音字母的文字书写体系，这一文字书写体系被称作"腓尼基字母"，成了今天世界上大多数国家使用拼音字母的源头所在，后世的阿拉伯字母、希腊字母乃至拉丁字母，都来源于此。

第五节　宗教信仰

古埃及文化的一个普遍的特征，就是全社会无处不体现其宗教信仰。纵观整个古埃及所有历史时期，宗教信仰具有强大而旺盛的生命力，渗透到了当时社会的每一个阶层、每一个领域，其影响范围广、影响力大、持续影响时间长，对整个古埃及乃至整个世界具有深远影响。不过因为自身封闭地形的影响以及单一的民族特性，古埃及的宗教信仰和宗教文化始终处于政治之下，是为统治阶级服务的重要工具。也正因如此，古埃及的宗教信仰并没有形成一个系统的宗教体系和统一的宗教思想。

一、古埃及宗教形成的成因

在古埃及的历史发展过程中，有一条鲜明的主线贯穿其中，这就是他们无所不在的宗教信仰，也可以说，宗教信仰的存在，将古埃及社会的各个方面、各个阶层全部联系在了一起。宗教，在古埃及的社会经济和政治文化生活中，无时不有，无时不在，占据着极为重要的地位。

　　和世界上其他民族一样，在古埃及早期的宗教信仰中，图腾崇拜是宗教得以形成的重要来源。早期的古埃及人，将某种动物或植物当作神祇的化身，在原始朴素理念的指引下，他们往往将生活中遇见的狮、鹰、蛇、牛、羊等动植物当作图腾崇拜来对待。在古埃及还未进入国家统一时期，尼罗河谷地的许多邦国，各自都有着自己图腾崇拜的神祇。

　　这些神祇的集合，以多样化为特色，成为古埃及早期宗教信仰的一个重要标志性特征。反映在具体的物象上面，这些神祇经常以动物或植物的形态出现，即使后来这些神祇又被具体化为人的形象，很多时候，他们的头部依然保留着动物的模样。

　　随着社会生产力的进一步发展，古埃及人又逐渐认识到，在农耕社会里，太阳、水以及土地等自然力在社会生产中常常起到无可替代的作用。生产条件较为落后的古埃及人，对于这些自然力只能利用，而很难合理控制，因此他们对这些看似神秘的自然力充满了敬畏。

　　久而久之，和早期的原始图腾崇拜一样，这些自然力逐步成了神祇的化身，受到了古埃及人的敬奉和膜拜。他们幻想通过祈求神灵的庇护，求得丰衣足食的好年景。

　　在这些自然力中，对古埃及人社会生产活动影响最大、联系最为紧密的，莫过于太阳和水。所以，在古埃及人的宗教信仰中，太阳神可以创造万物，是其他神灵所难以取代的，处于最尊贵的位置。

　　太阳神之外，是水神奥利西斯。在古埃及的宗教信仰体系中，水神地位仅次于太阳神，也受到高规格的膜拜。不过，水神在古埃及人的心目中又是一个相对复杂的存在。这是因为水可以灌溉农业，给人们的生产生活提供便利，但与此同时，泛滥的洪水又往往带给人灭顶之灾，令人饱受其苦。出于这样的一个思想情感，在古埃及人的心目中，水神的地位自然要位于太阳神之后了。

伴随着历史发展的脚步，当古埃及步入国家和阶级社会后，宗教信仰的性质和作用发生了重要的变化。在古埃及人以往的宗教信仰中，信奉神祇不过是出于祈福的需要，而到了阶级社会，随着强大的王权的诞生，王权强有力的统治力使神权和王权紧密地结合在了一起，神权成了为王权服务的一种工具，法老是作为"神之子"的形象而存在的。也正因如此，古埃及最高的神，变成了护佑王权的神。

比如，上埃及原先信奉的是大神荷鲁斯，荷鲁斯作为神的化身，在上埃及宗教信仰中具有两重属性，一方面是太阳神的化身，另一方面也带有鹰这一原始图腾崇拜的韵味，两者结合成荷鲁斯之后，成为上埃及最高的神灵。在上埃及统一了古埃及之后，荷鲁斯的地位自然也得到了提升，成为古埃及最高的神。

又如在中王国时期，底比斯城的大祭司是中王国完成大一统的重要参与者，因此底比斯大祭司所信奉的太阳神阿蒙就成了古埃及最高的神，供奉太阳神阿蒙的神庙也变得无比神圣。

新王国时期，法老埃赫那顿开始了一系列的宗教改革，降低了阿蒙神的地位，抬升了阿顿神的地位，古埃及最高神的位置排序又发生了短暂的改变，不过由于这次宗教改革触犯了庞大的宗教势力，最后夭折。

这次改革失败之后，一直到古埃及消亡之时，阿蒙神再次在古埃及人的宗教信仰中占据了第一的位置。

古埃及宗教信仰的特色

宗教信仰，在古埃及的社会中具有无比强大的生命力，它之所以拥有如此深远长久的社会影响力，其实也是和古埃及宗教信仰的鲜明特色有着紧密的内在联系。在古埃及的阶级社会中，神权是王权的护佑，为维护王权的统治服务，这是古埃及人宗教信仰的第一个特点。

古埃及的宗教信仰还构建出了一个"多神化"的信仰体系，统治阶级以太阳神崇拜为中心，以维护王权，民间的宗教信仰主要为地方神，祈求家人平安，两者有机统一，各有各的现实需要。

最后，古埃及宗教是古埃及人思想观念的集中反映，这一宗教信仰贯穿于古埃及社会的各个领域，对古埃及的社会秩序的构建、传统文化的牢固凝聚力以及陵墓的修建等各个方面，都带来了持久的心理层面上的影响，成为古埃及文化的重要组成部分，是后人观察和了解古埃及社会的一把钥匙。

二、古埃及希腊化时期的宗教信仰

公元前 332 年，古埃及迎来了一次社会剧烈嬗变期。这一年，亚历山大大帝率兵征服埃及，导致了古埃及的希腊化，包括后期罗马统治的一段历史时期。

在这一历史阶段，随着越来越多的希腊人前往埃及定居，古埃及的文化在社会变迁的冲击下也发生了较大的变动。其中，古埃及延续数千年之久的宗教信仰自然首当其冲。

最为明显的一个变化就是，古埃及人通过种种努力，将自身的宗教信仰和外来的神灵信奉相结合，试图将两者融合起来；与此同时，托勒密王朝为了加强对古埃及的控制，也尝试建立一套官方宗教的模式来稳固自身的统治地位。

在此基础上，古埃及的宗教信仰发生了一些重大改变。比如在此之前，古埃及人常常将逝去的法老加以神化，并作为神灵祭拜；从希腊化时代开始，古埃及人就改变了先前的这种宗教信仰方式，他们崇拜的对象转为了在世的统治者。

不过总体而言，亚历山大之后的托勒密王朝时期，希腊文化对古埃及的影响并不是强迫性质的，更多的是两种文化的一种自然融合。因而在托勒密王朝时期，古埃及的宗教信仰最为显著的一个特征就是希腊的神和古埃及传统的神达到了一个高度的统一，形成了对塞拉匹斯神的崇拜。

除此之外，这一历史阶段古埃及的阿蒙大神等同于希腊宗教文化中的宙斯大神，荷鲁斯大神和希腊文化中的阿波罗等同。这些都显示出两种宗教文化交流已经有了较高的融合度。

不仅如此，古埃及的宗教信仰反过来也对希腊伟大哲学思想的产生形成了较为深远的影响。例如梭伦、柏拉图、泰勒、毕达哥斯拉等希腊哲学宗师级的人物，都曾前往古埃及参观学习。

在罗马人统治古埃及时期，罗马皇帝同时兼任古埃及的法老，他们继续从古埃及的宗教信仰中寻求精神上的寄托，并在古埃及当地修建了大量的神庙，以此来赢得古埃及祭司阶层的支持。

除此之外，古埃及在传统的宗教信仰之外，也接受了外来的一些宗教模式。例如在公元1世纪，基督教就从亚历山大城一步步传到古埃及地区，底层民众对于基督教的到来持热烈欢迎的态度，不过在上层贵族那里，传统的宗教信仰依然有着强大的生命力。

知识小结

古埃及的宗教信仰，一方面要为王权服务，以巩固法老的统治地位；另一方面，神庙中的祭司也在这种浓厚的宗教信仰的氛围中，成为古埃及一个特殊的社会阶层，手中拥有非同凡响的权力，在一定程度上甚至可以影响法老的废立。因此，古埃及这种政神合一的统治模式，使得古埃及的文化蒙上了一层神秘浓郁的宗教色彩。

第六节　社会风俗

每一种文化都有着自身特定的社会风俗，古埃及文化也是如此。在社会风俗上，古埃及有着独特鲜明的特征。

一、古埃及日常生活中的风俗习惯

（一）衣冠

古埃及人的传统服装以简洁实用为主，到了新王国时期，受观念转变的影响，人们进一步追求雅致的穿戴。

古埃及人的传统服装被称为"贯头装"，又称为"凯迈特"之服，在公元3世纪之前非常流行。凯迈特民族服装的穿戴，带有浓厚的宗教仪式风格，这一点和其他民族的服装有着极为明显的区别，彰显着古埃及作为"众神之国"的风度。

在材料和做工上，凯迈特民族服装主要以亚麻织物、优质的羊毛、皮革、棉布等材料为主。古埃及人很早就掌握了从亚麻秆上抽取纤维的技术，织出的衣服轻薄透明，显示出古埃及人高超的纺织技术。

新王国时期，随着古埃及和地中海沿岸国家对外交流的频繁，古埃及人的服装穿戴也发生了一定的变化，这时男子在公共场合活动时开始穿戴精致的披肩。除披肩外，长袍在这一历史时期也逐渐流行开来。

（二）饮食

古埃及有着悠久的饮食文化，在较长的时间范围内，一直保持着恒定不变的特征。古埃及盛产小麦，小麦主要用于制作面食和酿酒，古埃及人无论富裕阶层还是平民阶层，都以面包和啤酒为主食，配以少量的肉类和鱼类。

在就餐上，富裕的古埃及人常常一日三餐，晚餐最为丰盛，也被视作一天之中的正餐。而对于那些平民阶层来说，一般一日两餐，正餐时间安排在下午时分。

（三）宴饮礼仪和娱乐活动

古埃及人的宴会一般安排在下午时分。正式的宴会有着较为严格的礼仪规范，宾客的座次和自身的社会地位有着密切的关系，如地位高的人坐的是椅子，地位次一点的宾客坐的是凳子，而那些地位一般的宾客，就只能选择席地而坐了。

娱乐方面，古埃及人最常见的娱乐方式有三种。

第一种是捕猎游戏。捕猎对他们来说，是一种消遣和放松，很多大型猎物如狮子、河马等，都会被赶到固定封闭的区域，供达官贵族们射猎。

第二种是各类体育运动，如摔跤、射箭、战车对抗赛等。

第三种是棋盘游戏和重大节日的庆祝活动。在古埃及时期，这两种娱乐方式也极为常见，尤其是节日庆祝，作为宗教信仰浓厚的国度，这类节日非常多。

除此之外，在大型公众场所，常有渊博知识的古埃及人绘声绘色地讲故事，往往能够吸引大批听众。

（四）居住

因为地理和气候的缘故，古埃及人在建造房屋时，一般避开阳光直射的地方，材料多选用泥砖。富人修建房屋以别墅的样式为主，穷人则居住在狭窄的小屋里，一般由一两间房子构成。

二、古埃及的墓葬习俗

受宗教信仰观念的影响，在墓葬风俗上，古埃及人有着自身浓厚的宗教色彩。

他们认为最好的东西应当留到死后使用，不同阶层在去世之后，依然要保持生前本阶层的等级。正因如此，整个古埃及历史时期盛行厚葬之风。那些法老国王们，凭借自身的雄厚财力，不惜调动庞大的人力、物力为自己修建庄严肃穆、气势恢宏的金字塔，还幻想着来日重生，由此木乃伊的制作在古埃及历史时期也极为流行。

埃及法老墓葬风俗的演变过程

古埃及时期，那些法老们的陵墓并不是一开始就修建成金字塔的。最初，埃及国王的陵墓外形呈长方形，平顶结构；后来又逐渐演变为四方形，在四方形的底座上面往往还会累加几层小四方形，依次缩小。久而久之，金字塔的雏形就诞生了。真正将自己的陵墓修建为金字塔的国王，是第三王朝时期的法老左塞王，不过此时的金字塔形状呈梯形。到了第四王朝时期，金字塔不仅演变为角锥形，同时结构和规模也越来越大。不过到了新王国时期，出于担心陵墓被盗的考虑，古埃及的那些法老们放弃了金字塔陵墓的修建，他们选择在底比斯附近的山谷中开凿墓穴，并形成一处闻名遐迩的"帝王谷"。

知识小结

古埃及的社会风俗有着鲜明的民族色彩，进一步分析研究可以看出，在很多方面，古埃及的社会风俗习惯，乃至木乃伊的制作和墓葬制度沿革，都深受宗教理念的影响，带有浓郁的宗教色彩。从宏伟的金字塔上，人们可以窥探到古埃及政治、经济、文化的各个方面，可以说金字塔是研究古埃及文化的重要参考。

回顾与延伸

作为世界上最早的文明古国之一，古埃及有着灿烂的文化，为早期人类社会创造了瑰丽的先进文明。

在尼罗河的滋养下，古埃及文化应运而生，在得天独厚的自然地理条件下，非洲土著人、亚洲哈姆人汇聚于此，揭开了古埃及文明发展的序幕，此后，雄伟庞大的金字塔、神秘的木乃伊、古老的象形文字以及优美的赞美诗和民间歌谣，都在不断丰富着古埃及文化体系，成为早期人类文明发展的见证。

古埃及文化历史悠久，但当自然环境和经济基础遭到严重的破坏时，文明的发展也必将中断。曾经领先世界的古埃及文化最终走向消亡，这也给后世文化保护与传承敲响了警钟。

古巴比伦文明，是世界人类文明演进史上一颗璀璨的明珠。在今天的伊拉克一带，古老的底格里斯河和幼发拉底河从这片土地上流过，孕育出了享誉世界的两河流域文明，而古巴比伦文明，作为两河流域文明的重要组成部分，和苏美尔文明、阿卡德文明、亚述文明一起，成为两河流域文化中的光辉典范。古巴比伦文化承接苏美尔文化，又有一定的继承和发扬，从而进一步成就了自身文化的辉煌灿烂。

✤ 了解古巴比伦文化的兴起和消亡史。

✤ 深入了解古巴比伦的科学技术和文学艺术。

✤ 了解古巴比伦宗教信仰和社会风俗等方面相关的内容。

第一节　古巴比伦文化的兴衰

在美索不达米亚平原上的古巴比伦王国内，幼发拉底河和底格里斯河贯穿而过，这两条大河的定期泛滥，给古巴比伦王国带来了肥沃的、可耕种的土壤，在这片被称作"肥沃的新月地带"的土地上，古巴比伦文化悄然诞生。

一、古巴比伦文化的兴起

（一）脱胎于两河流域文明的古巴比伦文化

在美索不达米亚大平原，包括今天的伊拉克、伊朗、土耳其、叙利亚、科威特在内的广袤土地上，在荒凉干旱的土地和沙漠中间，幼发拉底河和底格里斯河环绕左右，蜿蜒流淌，奔流向前，两河流域文明由此孕育而生。

从广义上看，两河流域文明包括苏美尔文明、阿卡德文明、亚述文明和古巴比伦文明四个部分，它们共同构成了绚烂夺目的两河流域文明；从狭义上看，两河流域文明，也可以用古巴比伦文明指代，它是指公元前19世纪到公元前5世纪这一历史时期，在两河流域周围诞生的一系列城市文明的总和。这里诞生了世界人类史上第一个奴隶制的国家，而在这一文明总和框架内占据着重要位置的古巴比伦，也是现今人们已知历史最为古老悠久的文明古国之一。

两河流域文明的一个重要标志就是文字的诞生。在美索不达米亚地区，文字最早由苏美尔人创造。"苏美尔文字是西亚，也是当今世界所知的最古老的文字之一，最早出现在公元前4000年末，失传于公元前1世纪左右"。[①]

苏美尔人创立的文字，最初刻在石板上面，后来苏美尔人又以削尖的芦苇棒为笔，将文字写在潮湿的泥板上。

苏美尔楔形文字

---

① 王储. 世界文化史教程［M］. 成都：西南交通大学出版社，2016：30.

完成这些工作后，苏美尔人会进一步将写有文字的泥板放在太阳底下晒干，或者是使用火将泥板烤干，这就是大名鼎鼎的"泥板字"，因为其字形像楔子一样，所以世人又将这一文字称为"楔形文字"。

苏美尔人创立了楔形文字之后，这一文字在两河流域的各个国家逐渐推广开来。在这一成熟文字的推动下，两河流域文明的演变进程进一步加快，神话、诗歌、颂词等文学题材也层出不穷，促使两河流域的文化走向了历史的高峰。在亚历山大击败了波斯之后，流传甚广的楔形文字也逐渐退出了历史的舞台。

苏美尔人不仅创造了楔形文字，还创造了发达的农耕技术、灌溉技术、几何学、天文学、法律、数学等各种成就，在文明的发展上取得了卓越的成绩，令后世的学者为之惊叹侧目。然而随着古巴比伦王国的兴起，苏美尔文明一步步被后者所取代。

（二）古巴比伦帝国和文明的崛起

公元前 3000 年左右，在美索不达米亚平原的中部，矗立着一座宏伟的城池，这就是古巴比伦城。古巴比伦城占据着重要的交通要道，历来是中东商业的中心，随着时间的延续，它逐步成为古巴比伦的国都。

乌尔第三王朝覆灭之后，经过一系列的朝代变迁，公元前1894 年，阿摩利人的首领苏姆·阿布姆建立了古巴比伦王国，也被称作巴比伦第一王朝。随着古巴比伦王国的建立，巴比伦人在继承苏美尔文明和阿卡德文明的基础上，进一步向前推动人类文明的发展，这也使得两河流域的文明进入了一个新的历史阶段。

从公元前 1792 年开始，一直到公元前 1750 年结束，通过数十年的征战，古巴比伦第六任国王汉谟拉比率领古巴比伦王国逐步征服了整个美索不达米亚平原，即使是南部的苏美尔人建立的国

69

家，也被汉谟拉比收入囊中。自此，除亚述之外，在两河流域广袤的土地上，从波斯湾到地中海沿岸，一个强大的奴隶制国家古巴比伦王国诞生了，被征服的苏美尔人，也开始以巴比伦人称呼自己。

汉谟拉比被誉为"四方之王"，他在位期间，是古巴比伦帝国发展繁荣的鼎盛时期。汉谟拉比亲自主持制定的《汉谟拉比法典》闻名后世，古巴比伦城也一度成为当时世界上最为繁荣的城市之一。

《汉谟拉比法典》的原文，最初是雕刻在一处由黑色玄武岩构成的石柱上。法典的全文分为序言、正文、结尾三大部分，其中序言和结尾部分，一方面讴歌汉谟拉比的丰功伟绩，另一方面以宗教的名义警示世人，不遵守法典将会受到神的惩罚。

法典的正文内容庞杂，共有 282 条，涵盖了借贷、盗窃、婚姻等古巴比伦社会生活的各个方面，从法典中，可窥探当时人们社会生产生活的部分状况。

整体而言，《汉谟拉比法典》从维护奴隶主的地位出发，内容完备，规定的审判程序严格详尽，代表了古巴比伦文明的成就，也是世界人类文化遗产中一个宝贵的财富。

除此之外，古巴比伦王国的人们在自然科学、文学艺术、雕刻建筑等方面，都创造出了灿烂辉煌的文明，在世界人类文明史上开辟出了一条"光辉大道"，播下了人类社会最早的一批"文明种子"。也正是出于这样的一个原因，世人常常将古巴比伦文明和两河流域文明等同看待，这也从侧面反衬出古巴比伦文明高度发达的程度。

楔形文字的再现历程

楔形文字诞生之后，古巴比伦人还将这一文字进行了简化，以便好识好记。只是在历经了三千年的风风雨雨之后，楔形文字逐渐退出了历史舞台，被两河流域的泥沙所覆盖。幸运的是，公元1621年，意大利的商人瓦拉在波斯帝国柏塞波利斯王宫的遗址上发现了一批被掩埋的楔形文字，经他带到欧洲后，引起了学术界的关注，经过丹麦人尼布尔、德国学者格罗特芬、英国学者罗林生等众多学者持续不断的努力，在19世纪中期，终于成功破译了古老而又复杂的楔形文字，揭开了它的神秘面纱，也使得今人可以通过留存下来的这些楔形文字，去研究两河流域的文化。

二、古巴比伦文化的衰落

汉谟拉比建立的古巴比伦王国，统治并不稳固，内部矛盾重重。因此在汉谟拉比之后，古巴比伦王国陷入了危机之中，奴隶大量逃亡，自由民也挺身反抗。与此同时，外部的侵略势力也虎视眈眈，古巴比伦王国逐渐走向末日。

公元前1595年，一支勇猛善战的赫梯军向古巴比伦突然发起了军事袭击，神秘的赫梯人以对外武力扩张为能事，他们在攻占了安纳托利亚以南的叙利亚后，兵锋直指古巴比伦王国，在对方闪电般的侵袭下，古巴比伦城被攻占，侵略军对这座城池进行了大肆破坏，造成了不可估量的损失。

此后，随着赫梯人因为宫廷内乱快速撤离，加喜特人趁虚而入，后又被亚述人吞并，兴盛一时的古巴比伦王国自此宣告消亡。

古巴比伦王国灭亡之后，随着亚述帝国的衰亡，公元前7世纪左右，迦勒底人领袖那波帕拉沙尔趁机取得了对巴比伦尼亚的控制权，并自立为王，称"巴比伦王"。

公元前626年，迦勒底人重建巴比伦王朝，史称"新巴比伦王朝"或"新巴比伦王国"，以和古巴比伦王国相区分。新巴比伦王朝在尼布甲尼撒二世的手中，演绎了美索不达米亚文明最后一段辉煌的乐章。

知 识 小 结

古巴比伦文明虽然在历史上存在的时间并不是太长，不过对整个人类世界文明的进程起到了巨大的促进作用。尼罗河文明和印度河文明都从古巴比伦文明中汲取到了充足的科技文化的"营养"。如古巴比伦文化中的数学、物理学等，曾让古希腊人获益良多；而阿拉伯人则从古巴比伦的建筑学中受益匪浅。

第二节　科学技术

科学技术的发展，离不开社会生产和生活方面的实际需要，聪明勤奋的古巴比伦人，在社会生产实践中，逐步创造出了先进的科学文化技术，这些科学技术也反过来推动着古巴比伦王国的文明发展进程。

一、古巴比伦的天文历法

古巴比伦人拥有先进的天文学和历法知识。古代两河流域地区的民众，出于农业生产的需要，往往需要精准的天文学和历法方面的知识。早在 4000 多年前，两河流域的居民们就已经能够将恒星和行星区分开来，同时他们还对木星、火星、金星进行了初步的观察。

当时的人们通过对月亮盈亏规律进行研究，科学地制定出了太阴历，也就是将一个月的时间长度定为两次新月出现的时间间隔，一年分为十二个月，每个月 29 或 30 天，全年共 354 天。

古巴比伦王国的人们在前代文明的基础上，将一年定为 360 天，不过这样一来，就和一个回归年的长度不太相同。为此古巴比伦人对此加以改进，他们在一年十二个月、大月 30 天、小月 29 天的基础上，通过设置闰月的方式，弥补一个回归年天数的不足。因此，在古巴比伦王国时期，有时一年的月份可以达到十三个月之多。

最初，古巴比伦人对闰月或闰周的设置并没有固定的期限，从公元前 5 世纪开始，古巴比伦有了自己固定的置闰方式。一开始是 8 年 3 闰，后来是 27 年 10 闰，到了公元前 4 世纪时，统一调整为 19 年 7 闰。

古巴比伦人还分别用太阳、月亮以及金、木、水、火、土五大行星来命名一个星期中的每一天，这样一个设定，也是古巴比伦历法与众不同的地方。

在对星辰的认识上，古巴比伦人不仅能够清楚地分辨出恒星和五大行星的区别，同时他们还制作了星象图，根据天上星体方位的不同，划分不同的星座，如天蝎座、狮子座、双子座、巨蟹座等。星座共分十二站，每一站为 30°，现在我们所说的黄道带，就是从古巴比伦时期开始的。

古巴比伦天文学高度发达的发展状况，其实和他们自身的占星术之间有着密切的关系。当时的人们认为季节和星辰可以影响世界的发展，这种朴素的占星术理念，也在客观上推动了古巴比伦天文学的快速发展。

二、古巴比伦的医学发展概况

4000 多年前的苏美尔，是世界医学的重要发源地之一，那时当地已经有了对医学的初步研究和总结，一些医学处方开始出现。第一部具有实用价值的医学药典，则出现在乌尔第三王朝时期。

当病人生病时，古巴比伦的医生们会带着医药用具前往患者家中。古巴比伦的医生群体中，较为出名的是一位叫马尔都客的医生，他为病人治病时，多采用巫术的方式，这也是当时医学发展的一大特色。

在古巴比伦的一些医学记述中，对中风、痨病、耳病、心脏病、风湿、发热病等疾病都有详细的记载。古巴比伦医生对精神病的发病原理也有一定的研究，认为精神病的病因或是由创伤引起，或是受魔鬼的控制，这也反映出当时人们在精神病认知方面的局限性。

在《汉谟拉比法典》中，对医生这一职业有着明确的规定，并将其当作一种正规的职业看待。古巴比伦人非常尊重外科医生，受制于当时整体的医疗水平，外科医生常以青铜刀为手术器械开展白内障、肿瘤等外科手术的治疗，不过，他们对人体结构的认知比不上擅长制作木乃伊的古埃及人。

《汉谟拉比法典》详细记载了外科医生实施手术的具体过程，同时也专门对医患纠纷做出了法律上的界定，包括在医疗手术失败后，外科医生所应承担的民事或刑事责任。

不过当时大多数医生的社会地位并不是太高，一般处于社会的中层。当然，其中一些医术水平较高的医生，也可以通过自身的努力进入宫廷中担任御医，专门为国王、王后或达官贵人们服务，类似于中国古代的太医。

规范化的古巴比伦医生处方

值得称道的是，古巴比伦的医生们在开处方的时候，对病情和药物的用法记录得极为详细。学者从留存下来的一片陶器上的楔形文字中发现，古巴比伦医生的处方格式非常严谨，大致分为三个部分。第一部分是病人所患疾病的名称；第二部分是所用药物的名称；第三部分是最为详尽的部分，记录针对该疾病的药物的具体使用方法，方便病人遵从医嘱服用。选用的药物，也多为植物的果实，以及铜、铁等矿物质，虽然在治疗过程中依然带有一定的巫术性质，不过总体上显示出古巴比伦医学已经具有了较高的水平。

三、古巴比伦的数学发展成就

两河流域地区有着便利的交通条件，这里是亚、非、欧三大洲的交通要冲，农商业发达，诸如商品交易、土地丈量、容积测量、天文运算等，都需要精准的数学知识来支撑。除此之外，"两河流域的可耕地少，精密的丈量和计算以求得土地最大效益的分配和应用显得尤为重要"。① 因此数学这一学科也就在这一文明的演变进

---

① 王储. 世界文化史教程［M］. 成都：西南交通大学出版社，2016：34.

程中得到了飞速的发展。

在数学运算上，古巴比伦的人们，不仅使用十进位制，也使用六十进位制。这些进位法，使得他们便于计算圆和时间，他们通过运算，将圆分为 360°，将一天分为十二个时，一个时为 30 乌斯，全天一共 360 乌斯。

在几何体的运算上，古巴比伦人还能测算出不规则多边形和梯形的面积。四则运算、三元方程、分数等数学运算法则，也都被古巴比伦人一一掌握。这一历史时期，古巴比伦人还拥有完整的乘法表、平方表和立方表。在此基础上，凭借着高超的数学水准，他们还能够求出圆周率的数值接近于 3。

除此之外，这一历史时期的古巴比伦人就日常生活中的长度、重量和容量等数值标准，也给出了具体的参考值。在一些考古发现的泥板碎片上，还可以看到古巴比伦人练习几何运算的痕迹。

知识小结 ●●●●●●●●

社会生产和生活的现实要求，促使两河流域文明的代表者——古巴比伦人在观察天象的基础上，吸收集成前人的文明成果，进一步催生了古巴比伦人在天文历法、数学、医学等方面的大发展，灿烂辉煌的科技成就也使得古巴比伦文明更加光彩夺目。

第三节　艺术与建筑

在古巴比伦文明演进过程中，艺术和建筑也占据着极为重要的位置。史诗巨著《吉尔伽美什》，富庶繁荣、雄伟壮观的古巴比伦城，美轮美奂的雕刻绘画，都将古巴比伦文明推向了历史的高峰。

一、文学艺术成就斐然的《吉尔伽美什》

文字的诞生和成熟，是文学艺术繁荣兴盛的重要催化剂。同样，对于以古巴比伦文明为代表的两河流域文明来说也是如此。随着苏美尔人创造的楔形文字在两河流域地区推广流行开来，生活在这一文明天空下的人们，开始利用成熟的文字进行文学艺术的创作，神话、诗歌、颂词等各类艺术题材不一而足，以表达人们对神灵、国王和英雄的歌颂和赞美之情。

史诗巨著《吉尔伽美什》是古巴比伦文学艺术的重要代表作。《吉尔伽美什》起源于苏美尔文明时期，直到古巴比伦时期，才终于从口头文学发展成为正式的文字作品。整部作品构思巧妙，情节离奇曲折，充满了悬念的味道，在人物形象塑造等方面取得了较大的成功。尤其是主角吉尔伽美什兼具双重性格，一方面，他除暴安良，为民众造福；另一方面，他性情暴虐，让人忍无可忍。神灵的身上带有的人性特征、人神争斗的矛盾冲突等在作品中都有较多的展现。

除《吉尔伽美什》这一部鸿篇巨制之外，在同一历史时期，《咏正直受难者的诗》《主人与奴隶的对话》等文学作品，也有着较为深远的影响。

知识拓展

人神共存的文艺作品《吉尔伽美什》

《吉尔伽美什》一书，是现今世界上存在的最为古老的英雄史诗。书中描写的是一个名叫吉尔伽美什的神话传说人物，他是英勇无比的乌鲁克王，是一个半人半兽般的存在。他在位期间，浪费人力物力修建城池和神庙，虽然在客观上起到了护佑民众的作用，不过性情乖张的他，被臣民们厌恶万分。在臣民们的祈祷下，神灵让野人恩启都和吉尔伽美什决斗。

谁知两人在决斗过程中，却结下了深厚的友谊，从此开始并肩战斗，杀掉了许多怪物。后来恩启都染病，吉尔伽美什四处为他寻找仙药，可惜仙药被大蛇吞进了肚子里，恩启都病重身亡。吉尔伽美什回到乌鲁克城后十分怀念恩启都，请求神灵让他们再见一次面。在神灵的帮助下，吉尔伽美什和恩启都见面了，恩启都向吉尔伽美什描述了死亡世界里种种阴暗悲惨的场景。

二、古巴比伦的建筑和雕刻艺术

（一）气势恢宏的古巴比伦城

在两河流域古建筑中，古巴比伦城自然是其中无可替代的伟大杰作。古巴比伦城位于两河流域地区文明的中心地带，在数千年前，宛如一颗璀璨的明珠，坐落在这片广阔的大平原上。

在乌尔第三王朝覆亡之前，古巴比伦城只是一个小小的城池，然而随着古巴比伦王国的建立，这座城池一跃成为王国的都城，从此走在了人类文明的前端，具有气势恢宏的建筑布局，见证了两河流域文明的辉煌。

古希腊历史学家希罗多德在古巴比伦城步入衰落期时，曾参观过这一伟大的城池，在他的描述中，他将古巴比伦城形容为"就壮丽而言，这是我们所知道的任何其他城市所难以比拟的"。从希罗多德的话语中，我们不难想象出在数千年之前的两河流域，古巴比伦城曾有过的夺目辉煌。

事实上也是如此，在当时的古巴比伦城内，处处可见巍峨高耸的寺塔，庄严壮丽的宫殿神庙，只是在动乱的战火之下，这一庞大的古城淹没在了历史的烟尘之中。

等到新巴比伦王国建立之后，国王尼布甲尼撒二世投入了庞大的人力、物力重新修建这一千年古城，再现了古巴比伦城昔日的辉煌。

新修建的巴比伦城，仅城墙就有三道之多，最厚的城墙厚度达7米，全长24公里，可供四匹马车一起奔跑。城外是宽大的护城河，起到护卫城墙的作用。城门高达12米，看起来无比壮观。

在城内建筑上，古巴比伦人喜欢用蓝色和青色两种琉璃砖装饰外墙，在这两种颜色的衬托下，城内各个高大的建筑物，无不显得富丽堂皇、耀眼生辉。

最令人赞叹的是，代表巴比伦最高建筑艺术成就的是一处名叫"空中花园"的建筑物。空中花园，当然不是在空中建造，而是当时的尼布甲尼撒二世为他宠爱的妃子修建的花园，他命人在一处底部是正方形的宽大土台上使用石柱、石板等材料一层一层向高处叠加建造而成，花园的每一层都建有宫殿楼阁。

花园建成之后，远远望去，就像是建造在空中一般，美轮美奂，因此才有了"空中花园"的美誉。当时的能工巧匠们，为了取水方便，设计了一条空心柱子，这根柱子里面安装有抽水装置，从下到上，每一层用水时，都可以随取随用，非常方便。

（二）古巴比伦的雕刻艺术

和苏美尔单调、刻板的雕刻不同，古巴比伦的雕刻艺术极富生命力。他们的浮雕在选材上极为讲究，选用精美的石料，雕刻的作品也古朴大气，充满了厚重沧桑的历史气息。

在古巴比伦众多的浮雕中，《汉谟拉比法典》也可看作一篇浮雕艺术作品，它刻在黑色的玄武岩石柱上，体高2米多，上部是浮雕，下部是文字"。①

在具体雕刻法典时，工匠们选用的是一块高达两米多的圆柱形石碑。石碑的上半部，雕刻有太阳神和司法神的形象，他们端坐在宝座之上，神情庄重，双手将象征着王权的标志递给下方恭恭敬敬站立着的汉谟拉比国王。

石碑的下方和背部，则雕刻着用楔形文字写就的法典全文，笔力苍劲，极具艺术价值和史料价值。

新巴比伦时期的雕刻艺术，多采用以琉璃砖镶嵌的工艺。比如在巴比伦的城门上，就有用琉璃砖镶嵌的野牛和蛇首龙等作品，色彩以黄白为主，交相辉映，突出了建筑物庄严肃穆的氛围。

整体而言，包括古巴比伦在内的两河流域文明的建筑雕刻艺术，虽然深深影响了后期古埃及和古印度的建筑艺术风格，然而在建筑与雕刻艺术成就上，前者却远远比不上后者，并没有取得令人瞩目的强大影响力，其中很大一个原因，就在于古埃及或古印度在建筑材料上多选用坚硬的石块，而古巴比伦却不具备这样

苏美尔雕塑

① 李伟智．永恒的伊甸园：巴比伦［M］．北京：中国环境科学出版社，2006：97．

的条件，他们的建筑材料，多以用土烧制的砖为主，在岁月的剥蚀下，古巴比伦辉煌的建筑、雕刻艺术，被淹没在了历史的烟尘之中，存世的历史遗迹、遗址少之又少，这就极大限制了世人对古巴比伦建筑、雕刻艺术的审美与鉴赏。

三、古巴比伦的壁画艺术

在两河流域文明的整个衍生期，壁画艺术无处不在。当时修建的大多数宫殿和建筑物的外墙上，都绘制有精美的壁画。内容上主要有动物、军事行动、狩猎场景等，题材广泛，艺术风格也呈现多样化的特征。

当时壁画多绘制在砖制墙面上，因此今天的人们已经很少能够欣赏到数千年前那灿烂绚丽的壁画艺术了。唯一完整保留下来的古巴比伦时期的壁画，是马里王皇宫中的一处绘画。画面展现的是马里王授权仪式的场景，画面上，马里王衣着华丽，头上戴着"马球"式样的装饰品，他虔诚地从站立在狮子背上的伊什塔尔神手中接过象征王权的物品。

在画面的主背景之外，还绘制有众多的神灵，如手持花瓶的一对女神，服饰的线条看起来极为流畅，生动传神，显示出绘画者深厚的艺术功底。

四、古巴比伦的音乐艺术

音乐是世界通用的语言。在人类文明发展史上，音乐和绘画、文学、建筑、雕刻艺术一样，具有悠久且强大的生命力。同样，对于以古巴比伦文明为代表的两河流域文明来说，有关音乐演奏的图像常常出现在这一历史时期的石柱和石板雕刻上，这也从侧面显示出音乐这一艺术在古巴比伦人日常生活中所占据的重要位置。

早在苏美尔时期，音乐以及音乐器材就已经得到了高度发展，如长笛、里拉琴、竖琴、对击板以及其他一些吹奏乐器等。到了古巴比伦时期，竖琴的样式也发生了一定的改变，一种名叫三角竖琴的音乐器材也很快流行开来。

知 识 小 结 ••••••••••

在艺术和建筑上，以古巴比伦为代表的两河流域文明，创造出了令世人惊叹的辉煌艺术成就。无论是享誉世界的"空中花园"，还是气势恢宏的古巴比伦城，乃至对古埃及等文明有着深远影响的建筑和雕刻艺术，都彰显了古巴比伦文明独特的无穷魅力。

第四节　宗教信仰

以图腾和神灵为主要载体的宗教信仰，是人类文明"演化树"上一株绕不开的主干，纵观以古中国、古埃及、古印度、古巴比伦为代表的四大文明古国，宗教信仰从世界各地早期人类文明诞生的那一天起，就伴随着人类文明演化的始终。

一、多神宗教下的古巴比伦宗教信仰的演化

两河流域的宗教信仰，以多神化为主要特征。当时的人们，将自然界中的很多事物都神灵化加以信奉，如天、地、日、月、山川、林木等。在这样的信仰基础上，人们认为每个人在出生的时候，都有自己的保护神，这就形成了两河流域多神化宗教信仰的特色。

同样，作为两河流域文明的重要组成部分，古巴比伦文明的宗教信仰，在整体上自然也不可避免地带有多神化的典型特征。

和所有的早期人类一样，在古巴比伦人的眼中，世间的万事万物都是有灵的，因此宇宙间的一切重要而又神秘的自然现象与自然

力，都可以当作神灵来信仰。

如当时时时泛滥的幼发拉底河和底格里斯河，一旦到了河水汹涌上涨的汛期时，肆虐的洪水会把广阔的大地淹没，这种强大的破坏力，让古巴比伦人的心中充满了对大自然无限敬畏的情感。

另一方面，除泛滥的汛期之外，日常平静流淌的河水，能够让沿岸的土地变得肥沃，也可以源源不断地浇灌民众赖以生存的田地，这种强大、神秘而又神圣的大自然威力，让古巴比伦人不得不将水神作为他们宗教信仰中极其重要的一个神灵。

除了对大自然力的信仰之外，古巴比伦人还崇拜很多以植物和动物为化身的神灵。如能够带给巴比伦人巨大经济效益的椰枣树，就被他们当作神灵敬奉。再如，有着"地下世界之王"称呼的涅尔伽尔神，是一种恐怖的怪物。在巴比伦人的描述中，涅尔伽尔神长着像牛一样的尖角，背上还有一双翅膀，拥有锋利如狮子般的爪子等，对这一神灵的外貌描述，足以表明当时的古巴比伦人内心的敬畏和恐惧心理。

不过具体到古巴比伦人身上，他们的宗教信仰，也同中有异，具有独特的一面。比如在古巴比伦的宗教信仰中，最为普遍的信仰对象是天空和璀璨的星辰。

古巴比伦人心目中的天神安努作为神通广大的天神，居住在高高的天空之上，他端坐在庄严华丽的宝座上，行使着对天下苍生的统治权力。

古巴比伦人的宗教信仰，一方面和他们古老的原始崇拜和祖先崇拜有着密不可分的关系；另一方面和他们对自然的认知与依赖相关，在古巴比伦人复杂的宗教信仰体系中，涵盖了对自然界万物的神化对象、天空、星宿等多个层面的崇拜。

以"多神化"为主要特征的古巴比伦人的宗教信仰，从更为长远的意义上说，也深深影响着当时人们社会生产和生活的各个方面，在整个古巴比伦文明的演化过程中，始终带有鲜明的印记。

二、古巴比伦"多神化"宗教信仰下的众神传说

遥望远古时期的古巴比伦人，他们建立了两河流域大文明下的多神化宗教信仰体系，其文明土壤中结出了迷人的、以众神传说为基础的"宗教信仰之花"。

（一）有着"众神之父"美誉的天神安努

在古巴比伦的语境中，"安"字是天空的意思，天神安努是巴比伦人众多神灵中地位最高、最受尊崇的神，是至高神的存在。

在巴比伦人的神话传说中，天神安努居住在最高一层的天国之中，其他的神灵都将安努称作"父王"，一旦遇到棘手的事情，这些神灵就会想到请求父王安努出面帮助解决，希望能够得到他的祝福与护佑。

在古巴比伦人对于天神安努的描述中，安努是权力和正义的集合体，节杖、权杖、王冠等物品是他权威的象征。安努拥有自己的士兵，是由战胜邪恶的星星组成，在平日里，他就一直待在自己的天国里，很少在人间走动。

安努虽然神通广大，但也并非无所不能的。在创世纪神话的描述中，安努不敢和提阿马特交手，最后这一艰巨的任务还是由另一位神灵马尔都客完成的。

在古巴比伦的宗教信仰体系中，安努拥有自己的配偶，他的妻子名叫安图，安图具有降雨的神通。

（二）自然力之神的代表恩利尔

神秘莫测的大自然以及拥有强大自然力的外部客观世界，是古巴比伦人宗教信仰的重要来源。尤其是在现实世界中和人们的生产、生活密切相关的超自然力，更为巴比伦人所崇拜。而在诸多自然力中，风是最为常见的自然力，因此在天神安努之外，风神恩利尔成了在古巴比伦人心目中占据着重要地位的神灵。

古巴比伦对风神恩利尔的情感是复杂的，一方面，作为风神，恩利尔可以为巴比伦人赐福；另一方面，也会给巴比伦人带来深重的灾难，如盛怒的恩利尔会掀起暴风雨，从而引发滔天洪水，将人类的劳动成果以及人类自身全部抹去。矛盾复杂的恩利尔，自然也使得古巴比伦人对他又敬又畏。

恩利尔在巴比伦人的宗教信仰体系中拥有较高的地位，他担任着众神议会首领的职务。鉴于恩利尔自身强大的神力，在众神议会中，他有着绝对的控制权。

在巴比伦人的神话传说中，和天神安努一样，风神恩利尔也有自己的配偶，他的配偶的名字叫作宁利尔，是谷物之神，有时也被称作生育女神。

（三）生育女神宁利尔

宁利尔在古巴比伦人的神话传说中，是作为生育女神的形象出现的。她是人和动物怀孕生产的保护神，有着"众神女王"的美誉，深受古代两河流域人们的尊崇。

（四）"生命之主"马尔都客

马尔都客原本是古巴比伦城的主神，随着古巴比伦的兴起，马尔都客的地位也随之得到了空前的提升，他从一名城市之神一跃成为国家的主神。

在神话传说中，面对邪恶残暴的提阿马特，马尔都客无畏地上前向对方发起挑战，当他战胜了提阿马特后，众神为了感谢他，授予他至高无上的权威和可以决定人类发展命运的大权，这也使得马尔都客在古巴比伦人的心目中成了"生命之主"。

在古巴比伦诸多的神灵崇拜中，除天神安努、自然力之神恩利尔、生育女神宁利尔和"生命之主"马尔都客外，还有太阳神沙马什、月亮神欣、溪水神恩奇等，他们一起构成了古巴比伦文明下的宗教信仰体系，也从侧面反映出这一历史时期人们神灵信仰的多样化特征。

两河流域文明宗教信仰下备受文学赞美的爱神伊南娜

"伊什塔尔，众神之神……天上的光，月神的爱女……伟大的伊南娜，月神的爱女，我们的王，人间天上，再也没有谁像你这样高贵……"

这首赞美诗，赞美和讴歌的是爱神伊南娜。伊南娜是爱、性感、战争之神的象征，也被称作伊尔塔什女神，她是月神和智慧之神南娜的女儿，在整个美索不达米亚平原上，她拥有的庙宇和神殿的数量最多，她是当时最受人们欢迎的伟大女神。在当时流传下来的许多文学作品中，如《吉尔伽美什史诗》《女主人》《伊南娜的提升》《神力女神》等，都对伊南娜充满了敬仰之情。

三、古巴比伦的宗教礼仪活动

在古巴比伦人的心中，神灵是他们生活中不可或缺的组成部分，想要获得神灵的青睐，保佑他们有丰收的年景和幸福的生活，那么就要在生活的各个方面给他们所信仰的神灵提供充足优越的物质条件，如不仅要为这些神灵建造神庙，还要按时祭祀神灵，古巴比伦人认为，虔诚的态度才能换来神灵的赐福。在这种心理基础上，自然就诞生了古巴比伦人庄重繁杂的宗教礼仪祭祀活动。

（一）国家层面的祭祀

国家层面的祭祀，是古巴比伦人宗教信仰活动中的重要一环。在具体祭祀的时候，一般由地位崇高的祭司担任，每逢重大节日，由祭司主持，对神灵举行献祭活动。

献祭的时候，众多神灵们得到的祭物主要有牲畜、食物、奶油、黄油和饮料等。如在汉谟拉比和后来的尼布甲尼撒时期，献给神灵的贡品虽然比不上乌尔第三王朝时期，不过数量也相当可观。

在一份关于尼布甲尼撒在位时的献祭清单中，贡品数量之多令人咋舌。其中包括大量的公牛、小山羊、小羊羔、家禽以及各类鱼类、鸟类等，数目多达数千头。至于日常生活中的其他各种食物和珍贵的黄金饰品，更是数不胜数。

在具体献祭仪式进行的时候，献祭的场所选择很关键，一般是在神庙顶部一处特定的祭坛上举行。献祭环节完成后，接下来就是祭酒环节，神灵可以享受到美酒的醇香味道。

（二）宗教节日

伴随着隆重的祭祀活动，和祭神有关的盛大宗教节日也必不可少。一般情况下，重大的宗教节日为 11 天。古巴比伦人眼中最为重要的宗教节日，是在春日举行的新年盛大庆祝活动。

在古巴比伦新年的第五天，还有一个很特别的清扫仪式，人们认真地在一座座神庙中倾洒圣水，涂抹圣油，表示要将一切藏污纳垢的地方都清洁干净。

隆重的祭祀仪式，烦琐的祭祀程序，目的只有一个，即古巴比伦人希望能够得到神灵的护佑，让自己过上幸福安详的生活。

知识小结

一切文明的开端，都和宗教信仰有着密切的联系。从古巴比伦时代的宗教信仰体系和他们的"多神化"信仰特征中，不难看出当时的古巴比伦人所崇尚的宗教思想，古巴比伦人也正是通过这些宗教活动、宗教仪式以及宗教美学艺术，将自身的哲学、建筑、文学艺术、社会风俗等各个方面的文明成果，一一呈现在了世人面前。

第五节　生活习俗

　　生活习俗是人们社会风俗的重要组成部分。不同的国家、不同的民族、不同的时代，都有着特定的生活习俗，从中可以看出当时人们的日常生活习惯和社会风貌等。在遥远的古巴比伦时代，生活在这一历史时期的人们，他们的生活习俗也有着自身的特色。

一、居住习惯

　　古巴比伦的居民并不是随意聚集在一起的。他们居住的地方，有着严格的职业划分和民族构成。一般情况下，从事相同职业的人，或者是同一民族的人，往往可以聚集在一起，构成一个相对封闭的居住区。如工匠区、农民区、商人区。

　　巴比伦人的每一个居住区，都可以独立自主地构成一个自我封闭的内环境。各居住区的管理也比较严格，不允许外人随意进入居住区内部过夜。

古巴比伦的工匠行业

古巴比伦时期的工匠们，往往以各自所从事的行业为单位，相同行业的工匠们，便会在同一个社区中居住。为了便于管理，每一个匠人们居住的社区里面，都有着自己的头领，这一点，和后来西欧国家的行会性质很相似。

古巴比伦的工匠们，出于养家糊口的需要，对自身的技术和工艺有着严格的保密意识，因为担心制造工艺外泄，彼此之间很少进行技术上的交流。比如在金属冶炼上，冶炼时各种金属的比例是严格保密的，这也在客观上限制了古巴比伦工艺制造水平的提高。

二、古巴比伦人的日常饮食

两河流域文明下的饮食文化丰富多彩，早在苏美尔时期，面包和啤酒便在当地大规模地流行开来，这一点也得到了考古学家的证明。

从苏美尔古城遗址出土的相关历史文物上看，在公元前1800年左右，苏美尔人便掌握了烤制面包的技术，他们将收获的小麦磨制成粉，然后加入蜂蜜、发酵粉等，放入烤炉中烘烤，制作出来的面包香软可口，深受人们的喜爱。

在制作面包的同时，苏美尔人也进一步发明了酿酒的技术，他们将小麦、大麦或黑麦等粮食混合在一起，可以酿制出浓度较高的啤酒；如果想要饮用椰枣酒或葡萄酒时，也可以采用和酿造啤酒相同的办法。

可以说，两河流域的古代先民们是人类文明史上最早掌握酿酒技术的发明创造者，比后来古埃及文明的酿酒技术还早了两千来年。

通过考古发现以及《汉谟拉比法典》上的文字记载，今天的人们也可以看到古巴比伦人酿酒行业的发展轮廓。在古巴比伦时期，主要是女人们酿酒，她们在家中从事家务劳动时，顺带为自己的家庭酿制可口的美酒，条件适合时，也可以将多余的美酒拿出来售卖。

纵观人类饮食文化的演进进程，除了必要的食物之外，酒可以说是人类最愿意"亲近"的朋友，对于古巴比伦人来说也是如此，他们往往将一年粮食总收成的一小半都拿出来酿制美酒，无论是体力劳动的间隙，还是宫廷宴饮，都可以见到酒的身影。

通过汉谟拉比在位时期流传下来的食谱，人们可以看到洋葱、大蒜、芜荽、土茴香等丰富食材已经成为当时民众餐桌上的重要膳食搭配。

三、古巴比伦人的服饰穿戴和生活用品

古巴比伦时期人们的服饰穿戴是多种多样的。在一般的民众中间，男人们最为常见的穿戴，是一种叫作腰布的服装，常常穿在外面，里面是紧身长衫，腰部系有腰带扣；女式服装也大体如此，不同的是，她们的衣服上多装饰有花卉图案以突出美观。在服装面料上，主要是以亚麻布和羊毛织物为主。

对于女人来说，爱美是她们的天性，从古到今莫不如此。古巴比伦时期的女人们，在自身的梳妆打扮上也非常下功夫。比如为了让眼睛更灵动有神，她们往往会将一种由锑矿石制成的眼影粉涂抹在眼睛周围。

除眼影粉之外，当时的人们还发明了香水和一种叫作香膏的生活用品，他们对香料作物进行复杂的萃取和提炼工序，经一二十道工序制作出来的香水深受人们的喜爱。

爱美是人的天性使然，当时的男性为了追求时尚，有时也会穿戴一些奇装异服，在脸上涂脂抹粉，还佩戴首饰之类的物品，从考古发现和文献记载中不难看出当时整个社会对潮流和时尚的追求以及其独特的审美情趣。

知 识 小 结

社会风俗自然是一个文明发展演进环节中的重要构成部分，是物质化、生活化的"文明之花"。从古巴比伦人日常的居住习惯、饮食结构、爱好和服装穿戴等多个方面，我们可以看到古巴比伦文明天空下那一抹异样的亮色，古巴比伦人为整个人类文明的历史做出了巨大有益的积极探索和尝试，值得考古学者去更深入地挖掘和发现。

回顾与延伸

两河流域从古至今都备受人们的关注，在这片肥沃的土地上，两河流域文明孕育而生。

从古巴比伦城到古巴比伦王国，再到《汉谟拉比法典》，古巴比伦文化创世之先，探索国家秩序和社会文化的建设。

从古老的楔形文字到"空中花园"，再到马里王皇宫壁画，古巴比伦文化是世界文化浓墨重彩的风景。

文化的发展离不开人类的智慧创造，更离不开有秩序的传播与传承，无论是国家建立还是百姓生活，更多关于古巴比伦的文化形态和辉煌成就值得我们进一步探索与考证。

第四章

「双希」文化

　　"双希"文化又被称作"两希"文化，是古希腊文化和希伯来文化的合称。19 世纪的英国诗人马修·阿诺德将希伯来文化的精髓定义为"品行与服从"，苛求真理、追求公正、有着敏锐头脑的希伯来人，在自身文化上取得了丰硕的成果。而发源于爱琴海南部克里特岛上的希腊文化，以奥林匹克山上的众神为神学体系，以苏格拉底、柏拉图等文化名人的思想为哲学体系，在这些体系基础上构建出了独特的古希腊文化。古希腊文化的广泛传播，源于这一文化体系下的自然和理性思维，对西方社会的人文思想和社会管理，都具有较为深远的影响。

✿ 了解希伯来文化的起源和犹太教。

✿ 认识《旧约》和它所蕴含的文学价值。

✿ 认识和了解犹太人的社会风俗。

✿ 学习希腊早期的两大文明和希腊文化的起源。

✿ 了解古希腊神话故事、文学艺术、哲学、科学、建筑等众多成就。

第一节　希伯来文化

从整体上说，希伯来文化，就是由希伯来人（也即犹太人）所创立的一种文化体系。希伯来文化蕴含的宗教人文意识、对真理的追求、高贵的品行以及敏锐的思维洞察力，构成了向往公正、道德崇高的希伯来文化的精神特质，对整个西方文明都产生了较大的影响。"可以毫不夸张地说，现代文明的苍穹在一定程度上是由犹太人的星光铺就出来的。"① 英国著名学者马修·阿诺德也曾指出："希伯来文化和希腊文化——我们的世界就在这两极之间运动。"由此可见他对希伯来文化的推崇之情。

一、希伯来民族及其文化的起源

希伯来人，又被称作犹太人、以色列人，有着悠久的民族发展史。从民族起源上看，希伯来人应该是从西亚塞姆人的一支分化而

---

① 师俊华，徐弢. 犹太文化概览［M］. 武汉：武汉大学出版社，2016：5.

来的。最初的时候，他们活动在两河流域上游一处名叫哈兰的区域内，一直过着游牧的生活。

公元前 1800 年左右，希伯来人离开了他们世世代代生活的地方，开始向今天的巴勒斯坦一带迁移。巴勒斯坦在古代被称作迦南地，在希伯来人到来之前，迦南人在这里生活，他们早在新石器时代就来到了这里，从事着农耕生活，他们生活的区域也被称为迦南地。

当时带领希伯来人开始大迁徙的头领，是一名叫亚伯拉罕的部落首领，希伯来人来到巴勒斯坦定居，繁衍生息，成为犹太人的祖先。

希伯来人选择巴勒斯坦定居，出于现实发展的需要。位于地中海和阿拉伯沙漠之间的巴勒斯坦，地理位置极为重要，它不仅是欧、亚、非三大洲的交通要道，同时也是连接人类早期两大文明诞生地——两河流域和古埃及的重要咽喉要道。

但根据希伯来人的《圣经·旧约》记载，他们之所以选择来到迦南人生活的巴勒斯坦，是跟随上帝的指引。因而在亚伯拉罕带领下来到巴勒斯坦的希伯来人，称呼自己为以色列人，意为"上帝的选民"。

公元前 1600 年左右，迦南地爆发了严重的灾荒，为了生活，希伯来人在亚伯拉罕的孙子雅各的带领下，走出迦南地，来到了一处名叫歌珊的地区。

歌珊位于埃及北部尼罗河的三角洲地带，这里土壤肥沃，是适宜生存的理想之地。然而美中不足的是，希伯来人在歌珊生活定居期间，备受古埃及法老的欺辱，无奈之下，在公元前 1300 年左右，他们只得再次启程，重新寻找适合他们种族生存的地方。

这次大迁徙的首领名叫摩西，在摩西的教导和指引下，希伯来人不仅信仰起了耶和华，也胜利走出了埃及，一路来到了西奈半岛。

在西奈半岛诞生了著名的"摩西十诫"，"摩西十诫"诞生后，被摩西郑重地放进了约柜之中，以此作为人与神之间的契约关系的证明。

"摩西十诫"的创立，奠定了以色列人一神教的心理基础，对日后整个以色列族的文化特征、宗教信仰、道德修养等各个方面，也产生了极为深远的影响。

摩西去世后，在危急关头，一名叫作约书亚的人挺身而出，他带领以色列人继续跋涉前行，终于成功重新回到了他们向往已久的迦南地。

再次扎根迦南地的以色列人，学会了和当地迦南人在斗争中合作。经过一段时间的融合，迦南人也逐步融入了以色列民族，而以色列人，也从迦南人的手中学习了先进的农耕文明，客观上促使了以色列人进一步地发展壮大。

公元前1200年左右，一个促成以色列人建国的机会来临了。当时一支叫作腓力斯丁人的民族，率兵侵入了以色列人生活的地方。当时已经分化为南北两大部落联盟的以色列人，在外敌入侵面前，空前团结，联合起来共同展开对腓力斯丁人入侵的反抗。

在这一次反侵略的斗争过程中，公元前1020年左右，一个叫扫罗的人登上了王位，以色列人的第一个王出现了，一个全新的以色列-犹太王国呈现在了世人的面前。

以色列-犹太王国建立之后经历了一段辉煌的历史发展阶段。在扫罗之后，继位的以色列-犹太国王先后有大卫和所罗门等人，他们带领以色列人继续反抗腓力斯丁人的入侵，国力得到了进一步的增强。

大卫当国王期间，统一了希伯来各部，将首都从去阿比迁到了耶路撒冷。等到所罗门继位之后，以色列-犹太王国的国力达到了顶峰。在他的统治之下，以色列-犹太王国的经济和文化都得到了空前的发展，而耶和华此时也彻底成为以色列人信奉的主神。

不过物极必反，在所罗门统治后期，以色列-犹太王国的国力开始走下坡路。这里面有着复杂的内外因素的叠加。从内部来看，一个最主要的因素是随着社会生产的发展，以色列-犹太王国内部形成了贫富两极分化，由此带来了极为严重的阶级矛盾，原本刚刚团结在一起的北方的以色列部落和南方的犹太部落，此时又因为尖锐的社会矛盾，出现了严重的裂痕。

所罗门在世的时候，还能勉强维持以色列-犹太王国的统一态势，所罗门去世之后，南北双方一拍两散，各自建国，北方的以色列部落在撒马利亚建国，称以色列国；南方的犹太部落依旧以耶路撒冷为首都，称犹太国。以色列-犹太王国的分裂，客观上造成了以色列人实力的大削弱。

在外部因素上，公元前8世纪亚述帝国崛起，趁机攻打一分为二的以色列-犹太王国，成功地将北方的以色列国吞并，以色列国从此消失在了历史的长河之中，而经历了严重内耗的犹太国，也不得不向亚述帝国俯首称臣。

到公元70年时，随着重建后的耶路撒冷和神殿被摧毁，古希伯来国家的历史走向了终点，希伯来人也大多被迫背井离乡，四散各地。

知识拓展

规模宏大的锡安山圣殿

所罗门时期的犹太王国，是以色列人文化、经济发展的"黄金时代"。在庞大国力的支撑下，所罗门有能力修建庄严壮丽的神庙和宫殿建筑。在当时耶路撒冷众多的神庙和宫殿建筑中，锡安山圣殿堪称这一历史时期以色列建筑艺术史上的杰作。锡安山在以色列人的语境中，有着"圣城之山"的美誉，当规模宏大的锡安山圣殿修建完成之后，很快便成为以色列人的宗教祭祀中心，同时也是当时以色列人当之无愧的政治中心。只是这座宏伟的圣殿命运多舛，圣殿先是被巴比伦人摧毁，复建之后又毁于罗马人的手中。但在以色列人的心目中，圣殿虽然可以被人为地毁掉，但锡安山

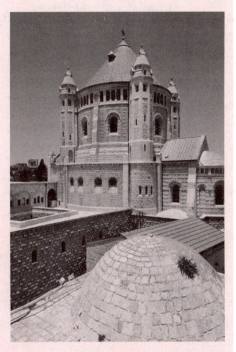

锡安山修道院

永远是他们心目中无比崇敬的"圣山"，是 2000 多年来以色列人内心世界里的宗教和精神"坐标"。

二、犹太教和希伯来的语言与文字

在被亚述帝国统治期间，以色列人的内部，兴起了以犹太教为

主要内容的"先知时代"。"先知"这一词语，在以色列人的语境里面，有着"预言者""神的代言人"的含义。"先知时代"的先知运动，发起者是下层祭司或犹太教中的精英人士，当他们看到以色列内部复杂尖锐的矛盾冲突后，就以神的预言者的身份，借用耶和华的名义，在大力倡导一神教的基础上，呼吁民众要意识到社会发展的种种不公正的现象，预言长此以往下去，以色列人必将会遭受到神灵的惩罚，最后遭受沉重苦难的以色列人，也一定会得到"救世主"的救赎。

从本质上看，"先知运动"实际上是以色列人内部的有识之士借用宗教的名义，来对当时的以色列社会进行的伦理道德宣扬活动，以促进民众的觉醒。或者说，"从某种意义上讲，犹太人的宗教是先知性宗教"。[①]

兴起于公元前8世纪到公元前6世纪的"先知运动"，对以色列犹太教的正式形成，起到了不可估量的作用。原来在亚述帝国衰落之后，新巴比伦王国快速崛起，在国王尼布甲尼撒二世在位期间，新巴比伦王国趁机攻占了犹太王国的首都耶路撒冷。

在此期间，大量的以色列人被掳走，他们一路远离故土，来到了巴比伦城，成为屈辱的"巴比伦之囚"。这时的以色列人，回想起"先知运动"的种种预言，越来越感同身受，认为神说以色列人将要遭受惩罚的预言终于变为了现实，他们在痛苦、屈辱中也越发坚定了对犹太教的信仰。

公元前538年，这些遭受歧视和虐待的"巴比伦之囚"，迎来了自己的新生。当时的波斯王居鲁士，在攻占了巴比伦城之后，大度地将流放在城内的以色列人全部释放了回去，允许他们返回故土。

---

① 师俊华，徐弢．犹太文化概览［M］．武汉：武汉大学出版社，2016：91.

长久的颠沛流离和在异国他乡的艰苦生活，使得以色列人更加将耶和华当作唯一的主神，他们不仅将昔日的耶路撒冷圣殿重新修缮了一遍，还将大量的人力、物力投入《圣经》的编写和完善之中。随着严谨、体系化的教规的进一步确立，也标志着犹太教的正式形成。

从犹太教的形成过程中不难看出，这一宗教从定型完善到完全确立，从多神化逐步演变为一神化，中间经历了一个艰难、曲折的漫长过程，当"巴比伦之囚"重新返回故土时，在前期"先知运动"心理铺垫的影响下，以色列人终于对犹太教坚信不疑。从此开始，以色列人真正将耶和华作为唯一的神来崇拜，认为他是宇宙中万能的、创造和主宰万物的上帝，而耶和华所选中的以色列人便是光荣且当之无愧的"上帝选民"；双方以订立的"契约"为信义的根本，以色列人在这样的"契约"基础上，规范本民族的道德伦理体系，并坚定地相信，犹太王国一定能够等到伟大复兴的那一刻。

犹太教正式形成之后，规定了许多需要以色列人严格遵守的教规教义。如凡是以色列人在朗读《圣经》时，都应当使用他们的民族语言，也即希伯来语。

希伯来语是以色列国内的通用语言，也是世界上相对比较古老的语言之一，同时在以色列人的历史上，希伯来语在很长的一个时期内，一直是作为犹太教的宗教语言使用的，在宗教研究方面，也起着无可替代的作用。

从语言分类上看，希伯来语应当属于闪-含语系闪米特语族的一个分支；从时间上看，这一语言的真正形成，大约是在以色列人在迦南地定居的这一历史时期。

希伯来语由 22 个辅音字母构成，比较奇特的是，它没有元音字母，因此在拼写的时候，就只能用 4 个辅音字母来代替元音字母。

作为希伯来语的书面载体，从早期以色列人生活迁徙的路线图来看，希伯来文字的诞生，是以色列人和其他民族文化相互融合的一个过程。具体来说，这一文字是在借鉴古代两河流域的楔形文字、古埃及的象形文字以及迦南地的腓尼基文字的基础上，加以变化产生的。希伯来文字的书写规则，遵循着从右到左的书写顺序。

希伯来文字自诞生之后，就成了以色列人的宗教法典和重要文献的主要书写工具，包括他们的无数文学作品在内。不过在公元70年左右，罗马人毁掉了以色列人的都城耶路撒冷，还残忍地将以色列人赶出自己的家园使其再次流散到世界各地。分散到其他国家中的以色列人，不得不使用所在国的语言，这就使得他们逐渐忘却了自身的希伯来语。

一直到了19世纪的后期，居住在立陶宛的犹太青年埃里泽·本-耶胡达，决心要恢复他们本民族的希伯来语。为此他还特意成立了一个叫作"希伯来语委员会"的机构，在他的努力下，失传已久的希伯来语竟然"起死回生"，创造了一个世界语言史上的伟大奇迹。

作为口语的希伯来语在以色列的族群内得以重新"复活"之后，以色列官方对此也极为重视，当以色列重新建国之后，他们就将希伯来语指定为官方用语。如今的希伯来语，不仅供以色列本民族交流使用，同时也是犹太神学家、研究犹太教和其经典著作的学者、语言学家们的重要工具和参考对象。

三、犹太教的经典著作《旧约》及其文学成就

世界上每一种有影响力的大的宗教，都有自己的经典著作，如伊斯兰教的《古兰经》、道教的《道德经》等。同样，对于以色列人所开创的犹太教来说，他们教派的经典著作被称作《圣经·旧约》，又名《旧约全书》。

　　《圣经·旧约》的正式形成，是在以色列人成为"巴比伦之囚"之后。当时犹太教的祭司们，为了鼓舞以色列人的信心，突出一神宗教信仰的理念，将公元前13世纪至公元前1世纪以来流传于以色列人中间的神话、律法、民族历史演进等资料全部收集起来，经过长达五百年的漫长汇总改编，共同汇编成了这本犹太教的经典之作。

　　从内容上看，《圣经·旧约》一共分为39卷、四大类别。其中律法5卷、史书12卷、文苑6卷、先知书16卷。涵盖了以色列人的起源、神话传说、民族迁移兴衰史、先知预言以及带有宗教韵味的格言、诗歌等文学作品。它既是犹太教自身的宗教经典之作，同时也是以色列民族发展史的史实性教科书，对研究古犹太人的社会发展和生活状况具有重要的参考价值和史料价值。

　　而在另一种意义上，《圣经·旧约》全书还是一部非常优秀的古犹太人的文学总集。在这部鸿篇巨制中，涵盖了小说、戏剧、散文、神话传说、诗歌等各种文学体裁。

　　比如在神话传说中，《圣经·旧约》记载了很多我们耳熟能详的神话故事，包括上帝创造世界的神话、亚当和夏娃的故事、诺亚方舟的传说等，这些神话传说具有无穷的文学艺术魅力，历来被广为传颂。

　　从整体上看，《圣经·旧约》中的语言优美流畅，活泼生动，富有浓厚的文学色彩，在世界文学史上，也占据着重要的一席之地。

　　更为难得的是，《圣经·旧约》被吸收到了《圣经》之后，对西方人的道德体系建设、社会思想、文学艺术创作等多个方面都起到了深远而又巨大的影响。我们所知的欧洲历史上的世界著名文学家和艺术大师们，很多都是从犹太教的这一宗教经典中汲取精神营养，从而一步步丰富自我的文艺创作。如莎士比亚的戏剧写作、但丁的杰出代表作《神曲》、歌德的不朽名著《浮士德》等，乃至音乐家亨德尔、巴赫，艺术领域的宗师级人物米开朗基罗、拉斐尔等，他们的文艺创作风格和色彩，都可以从《圣经·旧约》中找到影子。

四、犹太人的社会风俗

作为希伯来人后裔的犹太人的民族发展史充满了血泪。即使在犹太教正式形成之后，仅仅度过了约两百年的和平时光，犹太人又遭受了希腊人以及罗马人等的入侵，这在他们的民族记忆中留下了无比伤痛的印记。

令人敬佩的是，外族入侵下的犹太人虽然在长达千年的时间里一直流散四方，过着颠沛流离的生活，然而他们却能始终坚持自身的宗教信仰、社会风俗和生活习惯，不论身处何地，也都能很好地坚守犹太的文化传统，让民族认同感一代代地传承下去，显示出了强大的民族自信心和凝聚力。

在社会风俗习惯上，犹太人的民族风情在服饰、饮食以及风俗禁忌上都得到了淋漓尽致的反映。

（一）犹太人的衣着与装饰

披巾在犹太人的社会生活中有着非常重要的地位，它是一种很庄重的社交礼仪用品。

犹太人的披巾呈长方形，由一块白色亚麻布做成，两端分布有黑色或蓝色的条纹，象征着对圣殿被焚毁和祖先成为"巴比伦之囚"的纪念；披巾的下面垂有流苏，四个小孔各位于一角，供带穗的绳结穿过，在祈祷等宗教仪式场合，犹太人会佩戴这样的一个披巾，并且认为只有佩戴带有穗子的披巾，才是自己真正沉浸在祈祷中的象征，也意味着会被上帝无所不在的爱包围着。一些犹太男子在成年或结婚之后，就会佩戴披巾。现代社会，以前女子不能佩戴披巾的要求也发生了重要变化，允许成年女子佩戴披巾。

鉴于披巾在犹太人生活中的重要性，在很多时候，披巾可以作为一种神圣的礼物赠送给他人，如父亲可以送给成年的儿子，新婚的妻子可以送给自己的丈夫。在犹太人的随葬品中，披巾也是不可或缺的物品。

除披巾外，一些犹太男子为了表示对上帝的敬畏，也常常会在头上戴一顶蓝色、黑色或白色的圆顶小帽子。在现代社会中，犹太人的圆顶小帽子已经成为他们身份的象征。

（二）犹太人的饮食和风俗禁忌

世界上的每一个民族都有自己独特的饮食习惯和风俗禁忌，犹太人也是如此，不过他们的饮食和风俗禁忌更为复杂烦琐一些。

在他们的宗教法典如《妥拉》和《塔木德》中，规定在哺乳动物里面，只能食用那些有反刍行为且分蹄的动物。按照这一标准，常见的哺乳动物中，可以食用牛、羊、鹿，而猪、马、兔就不能被当作食物。

更为奇特的是，纵然是可以食用的哺乳动物，在宰杀过程中，也要尽量减轻这些动物所承受的痛苦，自然死亡的，或是被"撕裂"而亡的哺乳动物，包括带血的肉类，也都不被允许食用。

在非哺乳动物中，可以食用鸡、鸭、鹅等受过驯化的家禽，而不能食用老鹰、乌鸦等未经驯化的野禽。

鱼类中，只有带有鳍和鳞片的鱼类可以食用，其他都不可食用。

昆虫类中，严禁食用所有带有翅膀的昆虫。

在制作食物的过程中，肉类食物不能和奶制品混合在一起烹煮，否则也是违反了教规教义，是不被允许的。因此在具体制作这些食物时，一定要分开单独处理。

比较有趣的是，在酒类饮品中，虽然犹太人可以喝一些酒精类的饮品，不过酒类饮品的生产必须严格按照犹太人自己的规定制作完成，不符合这一规定的，也不允许拿来饮用。

在这些食物禁忌之外，其他诸如蔬菜、水果、谷物以及植物类的食品，是不受这些饮食禁忌约束的，在犹太人看来，这些植物类的食材，都是来自上帝的恩赐，可以放心随意地享用。

知识小结

希伯来人曾创造出了对西方社会的宗教思想和文学艺术有深远影响力的光辉文化成就，也曾遭受过沉痛的民族苦难，然而这一民族却能在压迫之下，从四邻各古国吸收优秀的文化成果为其所用，为世人留下了一个希伯来文化宝库，并成为中东文化圈的重要代表。

第二节　希腊文化

厚重悠久、充满活力和智慧的古希腊文化，在整个西方，甚至在全世界的范围内都具有重要影响，时至今日，它依然占据着重要的历史地位。古希腊的神话故事，古希腊的文学艺术以及光照千古的哲学大师及其哲学思想，共同构成了辉煌灿烂的希腊文明，表现出强大的韧性和深远的影响力，在人类文明繁衍生息的大树上结出了异常丰硕的果实。

一、希腊文化的起源

古代希腊的地理范围主要包括今天的欧洲东南部的希腊半岛、爱琴海上的各个岛屿以及小亚细亚的西部沿海地区。以古希腊为代表的希腊文明，是欧洲大陆上出现最早的文明，其最早出现在地中海东部的克里特岛上。

克里特岛扼守爱琴海的南部地带，在这里，诞生了古老的爱琴海文明。广义的爱琴海文明，包括了前期的克里特文明和后来的迈锡尼文明两个文明主体。

在公元前 4500 年左右，克里特岛已经有人居住，后来进入了青铜时代，创造出了辉煌一时的克里特文明。

公元前 1600 年左右，克里特文明突然中断，随即进入米诺斯王国时代。在这一历史时期，克里特岛的农业和手工业都得到了较为迅速的发展，葡萄、橄榄等农作物得到了广泛的种植；彩绘饰品的出现，反映了手工业的发展水平；同时造船技术和海外贸易也极为发达繁荣。

大约在公元前 15 世纪之后，克里特岛上的文明进入了衰落期，随着时间的演进，逐渐被迈锡尼文明所取代。

迈锡尼文明更多的是在继承克里特文明的基础之上得以发展兴盛的。具体来说，迈锡尼文明出现在公元前 1500 年到公元前 1200 年之间，在伯罗奔尼撒半岛上，在克里特文明的直接影响下，围绕着迈锡尼向外扩散，这一文明在时间上属于青铜时代后期的文明。

不同的是，虽然迈锡尼文明深受克里特文明的影响，不过创造迈锡尼文明的，是一个名叫阿卡亚的种族，阿卡亚人是希腊人的一个分支。

从某种意义上说，"比起富丽典雅的克里特文明，迈锡尼文明则表现得更为粗犷浑厚"。[1] 这也是迈锡尼文明的一大特色。

---

① 陈金海．再现世界历史．古希腊文化［M］．济南：山东科学技术出版社，2017：14.

迈锡尼文明的突出成就，表现在陶器制造和金属冶炼上面，他们的文字是将克里特文明所发明创造的线形文字 A 进一步发展为线形文字 B。相对于线形文字 A，迈锡尼文明的线形文字 B 已经被学者破译，这对研究爱琴海文明有着莫大的帮助。

遗憾的是，公元前 12 世纪初期，因为希腊美女海伦被特洛伊王子抢走，迈锡尼文明下的各个希腊王国便联合起来对特洛伊古城发起了军事战争，这就是历史上大名鼎鼎的特洛伊战争。

特洛伊战争之后，各希腊王国国力被严重消耗，使得璀璨的迈锡尼文明失去了夺目的光彩，很快，实力衰弱的他们被多利亚人征服，这也宣告了长达数百年之久的迈锡尼文明从此退出了历史的舞台。

然而，前期克里特文明和后期迈锡尼文明的精神和文化特质，对后来的希腊文化产生了长久且深远的巨大影响。

古希腊拥有漫长的海岸线，境内山脉纵横，缺少平坦开阔的平原地带。虽然如此，荒芜的山岭却天然地成为他们的安全屏障，这也使得在相对封闭的状态下，诞生了古希腊闻名于世的城邦政治。

多利亚人入主希腊之后，城邦政治的雏形开始初具规模，先后形成了大大小小约 300 多个城邦。希腊历史上的城邦，指的是以一个城市为中心，和四周的郊区形成一个有限面积的小国，在政治上实现高度的自治，是国内全体公民共同维护的主体。希腊城邦政治的出现，高度自由的民主氛围，公民在不触犯城邦根本利益前提下的自由言论，为整个古希腊文化的繁荣昌盛奠定了坚实的法理与人文基础。

在众多的希腊城邦中，以雅典城邦最具有代表性。在雅典城邦生活的人们，可以随意地参加各类文化活动，重大的科技文化项目也由城邦出面解决经费问题。尤其遇到了重大节日时，城邦的最高执政官不仅亲自出面参加庆祝，全体公民也要统一出席盛大的庆典活动。

对于那些富有声望的哲学家、科学家以及各类艺术家们，雅典城邦的统治者们也给予他们极大的礼遇和尊重，遇到重大决策事项时，也常常会邀请他们提出自己的见解供决策者参考。比如人们所熟知的哲学家亚里士多德、历史学家希罗多德等，他们在研究自身的学术之外，也经常参与到各种政治活动中去。

希腊城邦政治的一个显著的特色，就是以"自由与开放"为第一。如公民大会、五百人议会和陪审法庭，是西方文明中较早的民主机构的典范。这种开放的氛围不仅极大地方便了各希腊城邦之间的外部交流，在更深的层面上，也进一步扩大了希腊各个城邦和世界文化的交流和融合。

自由民主的氛围在希腊城邦无比盛行，其中的原因在于"特殊的地理环境使得他们不可能形成类似东方集权式的君主专制"。[①]

在《剑桥古代史》一书中，对希腊城邦开放交流的政治氛围也有过非常形象的描述，书中写道："在这里，雅典公民不仅仅可以享受到阿提卡的葡萄酒和橄榄油，还可以食用黑海的干鱼和谷物，穿波斯的拖鞋等"。

正因如此，令后人仰慕的古希腊文明，就如一条文明的纽带一般，将世界差不多同时期的其他文明，如巴比伦文明、亚述文明、埃及的宗教文化、波斯的哲学思想等，全部都有机地紧密联系在了一起，共同汇聚成为博大精深的希腊文化。

---

① 陈金海. 再现世界历史. 古希腊文化［M］. 济南：山东科学技术出版社，2017：15.

雅典卫城全景

二、古希腊神话故事和文学艺术

（一）"英雄时代"下的希腊神话传说与文学成就

公元前 12 世纪到公元前 8 世纪，古希腊的社会结构形态出现了重大的变迁，这一历史时期，恰恰是古希腊从氏族社会向奴隶制社会过渡的关键窗口期。在这数百年的时代变动中，古希腊出现了一个被世人称作"英雄时代"或者是"荷马时代"的社会发展现象，表现在文学层面上，其主要成就就是神话故事和史诗巨著。

在西方文学史上，古希腊的神话故事是最早的一种文学创作形式。古希腊的神话故事，是希腊人集体智慧的结晶，以宇宙的起源和神的产生为创作方向，最初是通过希腊民众口口相传，在流传过程中，经过荷马、赫西俄德等文学大师的汇总，从而形成了一个系统性的、人物众多的古希腊神话世界。

　　梳理古希腊神话故事的整体脉络不难发现，在这一浩繁广博的神话世界里，虽然里面的神话人物层出不穷，支脉派系也极为复杂，不过在总体上，各类神话人物之间都有一条血缘的纽带将他们串联在一起，脉络传承也相对清晰。

　　如果分类的话，古希腊神话故事，大体可以分为两大部分，一是神的故事，二是英雄传说。在神的故事中，主要讲述居住在高高的奥林匹斯山上的天神们的故事，他们中的大多数神灵，都带有人类的特征，喜怒哀乐、七情六欲等情感也全部具备。比如喜欢凡间女子的天父宙斯、具有强烈嫉妒心的赫拉等，都是经过艺术加工之后，具有了人格化的形象。

　　英雄传说中的英雄人物，大多是神灵和凡人结合的后代，带有半神半人的性质。另一方面，他们身上"人"的品行特征更为浓厚，一个个才能突出，拥有超强的毅力和意志力。这里面主要有忒修斯的传说以及伊阿宋的传说等，突出反映了古希腊人对祖先的崇拜情结。

　　古希腊神话故事，对后世西方文学的发展有着深远的影响力，很多作家作品中的情节构思和人物形象，都会从古希腊神话故事中寻找灵感和素材。

　　谈到"英雄时代"古希腊的文学艺术，首推荷马所创作的《荷马史诗》。荷马作为当时一名家喻户晓的行吟诗人，以艺术家的深厚功底，博采众

荷马雕像

长，兼容并蓄，创作出了《荷马史诗》这一不朽的文学巨著，这也是西方文学史上第一部优秀的书面文字作品。

《伊利亚特》和《奥德赛》两部作品，共同构成了《荷马史诗》这部伟大的瑰丽诗篇。《伊利亚特》描写的是希腊人攻打特洛伊城的战争故事，在长达十年的拉锯战争中，最后希腊人使用了"木马计"，巧妙地一举攻破了特洛伊城。

《奥德赛》是《伊利亚特》的续篇，描写的是在特洛伊战争中献出"木马计"的希腊英雄奥德修斯，在返回途中无意中冒犯了海神波塞冬，从而在海上遭遇了种种风险，幸运的是，最后他以无畏的英雄气概，克服种种困难和阻力，安然返回家乡，和妻儿团聚。

在文学艺术成就上，《荷马史诗》的叙事结构合理巧妙，文采修辞也有很多值得称道的地方，在架构宏大的战争场面上，荷马表现出了高超的艺术功底，也使得这部文学作品成为世界文学艺术宝库中不朽的篇章。

和荷马同时期的诗人赫西俄德，也创作出了诸如《工作与时日》《神谱》等名篇。

（二）"大移民时代"下的希腊文学艺术

公元前 8 世纪到公元前 6 世纪，是希腊历史上被称作"大移民"的一个时代。在这一时代中，希腊的文学艺术成就主要以抒情诗和寓言为主。

从诗体上看，古希腊的抒情诗，一般分为双行体诗、讽刺诗、琴歌以及牧歌几大类。创作者主要有卡利诺斯、西摩尼德斯、梭伦、萨福、阿尔凯奥斯、阿那克里翁以及品达等。这一历史时期的诗歌，对后世欧洲诗歌文学有着较为深远的影响，弥尔顿、歌德等文学大师，也常常从古希腊抒情诗中寻找创作的灵感。

除抒情诗外，寓言也是这一历史时期异彩盛放的一种文学题材。其中，伊索创作的《伊索寓言》享誉世界。

伊索原是奴隶出身，但他聪明无比，富有文采，一生之中创作了大量的寓言故事作品，其中很多都是不朽的讽刺名篇，如《狮子和老鼠》《披着羊皮的狼》《狐狸和葡萄》《狐狸和仙鹤》等。

这些寓言故事，虽然篇幅短小，然而寓意深刻，寓教于乐，充满了喜剧和讽刺精神，对后世文学创作有着极大的借鉴与参考价值。

（三）"民主时代"下的希腊文学艺术

公元前 6 世纪到公元前 4 世纪这段时期，在古希腊历史上的"民主时代"。值得称道的是，这短短两百年的时间里，是古希腊经济文化社会发展的全盛时期，对外贸易交流频繁，军事实力也空前强大，尤其是雅典的民主政治发展到了一个新的高峰。正因如此，古希腊的文学也迎来了一段黄金时期。

在这一历史时期，古希腊的文学成就主要表现在戏剧艺术的创作发展上。根据剧作家的创作方向，这一时期的戏剧又可分为悲剧和喜剧两大类。

古希腊的悲剧艺术的代表人物，主要有忒斯庇斯、科里洛斯、埃斯库罗斯、索福克勒斯以及欧里庇得斯等。其中埃斯库罗斯、索福克勒斯以及欧里庇得斯被誉为古希腊的"三大悲剧剧作家"。而在众多悲剧艺术创作大师中，最具代表性的当属埃斯库罗斯。

作为古希腊最伟大的悲剧剧作家，有着"悲剧之父"之称的埃斯库罗斯，一生之中创作了大量的戏剧作品，流传后世的主要有《被缚的普罗米修斯》《阿伽门农》《奠酒人》《复仇女神》《乞援人》《波斯人》《七将攻忒拜》七部作品。

埃斯库罗斯对古希腊戏剧创作的最大贡献之一，就是在戏剧表演中一改先前只有一个演员和合唱队的表演方式，引入了第二名演员参与其中，这种尝试取得了巨大的成功。

喜剧方面，古希腊的喜剧主要起源于民间滑稽戏与祭祀酒神的狂欢歌舞，其取材于现实生活，具有较强的讽刺和批判意味。

在古希腊文学黄金发展的巅峰期，也产生了众多的喜剧剧作家，如克拉提诺斯、欧波利斯和阿里斯托芬，被誉为"三大喜剧诗人"。三人中，成就最为突出的是阿里斯托芬。

阿里斯托芬作为古希腊民主时代伟大的喜剧诗人，一生创作了数十部喜剧作品，其中如《鸟》《骑士》《阿卡奈人》《巴比伦人》《云》等广为流传，深受世人的喜爱。他的喜剧讽刺艺术，也一举奠定了西方文学中"喜剧以滑稽形式表现严肃主题"的喜剧创作传统。

（四）"希腊化时代"下的希腊文学艺术

古希腊的"希腊化时代"，开始于公元前 4 世纪下半叶，随着马其顿的亚历山大大帝征服整个希腊，希腊文化也由此传向了东方世界，从而开启了一段独特的"希腊化时代"。

在这一历史时期，在文学方面，希腊文学成就主要有新喜剧和田园诗。和阿里斯托芬"旧喜剧"相对的"新喜剧"，将创作的重点转向了表现希腊社会风俗上面，重点突出曲折的情节，刻意回避严肃的话题。古希腊喜剧的主要代表人物是米南德，作品有《恨世者》《萨摩斯女子》等。

田园诗以诗人忒奥克里托斯、阿波罗尼俄斯等人为代表，他们的诗风清新活泼，充满了浓郁的田园风情。

知识拓展

古希腊文学的特质和内涵

古希腊文学在世界文学艺术史上，占据着极为重要的地位。纵观这一历史时期希腊人的文学创作，着重表现了当时的人们对战争与和平、人与自然相处关系的深入思考。在内容方面，当时社会的重大历史变迁以及英雄事迹传说，也都得到了较好的记录与创作，其中的人物形象立体饱满、自由奔放，面对困难敢于勇往直前，有着鲜明的个性特征，深深彰显了人文主义、理想主义、理性主义的光辉色彩。在具体创作上，作品架构和长篇叙事也极具宏伟性的特征。综合来看，生命意识、人本意识以及自由观念，构成了古希腊文学最为基本的精神内核，正因如此，古希腊文学、文化的特质和内涵，成为后世西方文学创作的重要源泉。

此外，古希腊文学带有浓厚的宿命论的色彩。一方面，它要求人一定要服从命运的安排；另一方面，在命运大手之下，可以充分发挥主观能动性，激发生命的无穷活力，最大限度地实现自我的人生价值。这一宿命论的文学思想，在这一时期的文学作品中，也屡见不鲜。

三、古希腊的哲学、科学与建筑、雕刻艺术

（一）古希腊的哲学发展

1. 古典时期的希腊哲学

古希腊有着深厚的文化和历史底蕴，在哲学方面，希腊的"哲学精神"闻名后世。而在希腊哲学史上做出巨大贡献的历史人物，除哲学鼻祖泰勒斯之外，还主要有以苏格拉底、柏拉图、亚里士多德为代表的希腊哲学"三剑客"。

苏格拉底是希腊哲学发展史上举足轻重的代表者，他在研究前人的哲学思想的基础上，鲜明地提出了"美德即知识"的哲学主张。他认为人身上的勇敢、正义、智慧、节制等方面，都是人类自身美德的集中体现，而美德和知识是同一的。为此到了最后，他不惜牺牲自己的生命，以验证他的道德理想和哲学主张。

柏拉图是希腊哲学史上学院派的重要代表人物。作为一名唯心主义者，他的一生都在实践着对善良、美德和正义哲学主张的追求。柏拉图认为，人的心灵蕴含着理性、激情和欲望三大部分，而在外在品行上，自然也有智慧、勇敢和节制三种德行与其相对应。正义，则是以上几种人类品行高度和谐统一的体现。柏拉图毕生追求的理想国和理想人格的哲学主张，对整个西方哲学和文化发展，都产生了长久深远的影响。

柏拉图雕像

亚里士多德是古希腊哲学逍遥学派的代表人物，他的哲学主张，侧重于对自然本体的研究，并由此提出了一个以形式因、质料因、动力因和目的因为主要内容的"四因"哲学论，在尊重事实和逻辑辩论上，取得了不俗的成就。

2. 希腊化时期的希腊哲学

如果说古典时期的希腊哲学重在探索宇宙的本原，并进而解决自然与社会的根本问题的话，那么希腊化时期的哲学思潮，重心则转移到了如何追求个人的幸福，又如何摆脱人生的痛苦上面。他们强调人生最为重要的事情，就是怎样让自我快乐幸福起来。

这一历史时期的希腊哲学，在派别上，主要有怀疑派和斯多亚派等。这些哲学派别，在哲学思想上，回归到了对现象和感知的充分尊重上面。

（二）古希腊的科学

古希腊时期，在科学发展上曾取得巨大的成就，这一时期涌现出了一大批杰出的天文学家、数学家。

在这些科学家中，泰勒斯成功预测了一次日食，让人们对这一神秘的自然现象不再感到恐惧；天文学家阿里斯塔克首次鲜明地提出了"太阳中心说"，认为地球和其他行星围绕着太阳运转并自转，这一学说，具有划时代的重要意义。

数学方面，数学家毕达哥拉斯认为，宇宙的一切物质以及一切物质构造，都可以用"数"来表示，在此基础上，他提出的"毕达哥拉斯定理"，是他非凡数学成就的重要代表。

而欧几里得、阿基米德和阿波罗尼奥斯三人，则是公元前3世纪时古希腊著名科学技术的杰出代表。其中，欧几里得创立的几何学以及由他编著完成的《几何原本》，在世界数学发展史上有着无可替代的重要地位。

阿基米德是静力学、流体静力学领域的宗师级人物，他提出并发现的杠杆原理、浮力定律，在人类科学发展史上，都具有非凡的象征意义。

阿波罗尼奥斯在继承欧几里得数学研究的基础上，将圆锥曲线理论进一步修正完善，他提出的"椭圆""双曲线""抛物线"等数学概念，时至今日，依然在数学学科中发挥着重要的作用。

（三）古希腊的建筑与雕刻艺术

古希腊的建筑艺术，起源于早期的克里特文明和迈锡尼文明，不过当时的建筑，限于人们对美学的认知与理解，略微粗糙一些。而在后期，随着古希腊文明文化的进一步发展，希腊人的建筑艺术得到了快速的发展，其中以神庙建筑为杰出代表。

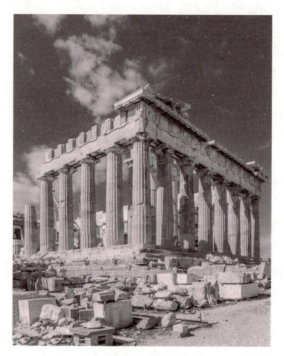

帕特农神庙

古希腊的神庙建筑风格，多为列柱回廊式，具体又分为多立克式、爱奥尼亚式和科林斯式三种，如著名的帕特农神庙，采取的就是多立克式的建筑风格。

古希腊后期的建筑艺术，多在富丽堂皇上有所侧重，虽然看起来更为金碧辉煌一些，不过却少了很多古典时期的那种无穷的想象力的意境之美。

古希腊的雕刻艺术有着深厚的历史文化底蕴。当时的人们，都无比喜爱雕刻艺术，一有空闲时间，就拿出物品来雕刻一番，这一艺术行为扩展到人们生活的各个方面，无论是家庭装饰，还是神庙建筑，都可以在上面用心雕刻一番。

　　古希腊的雕刻艺术，最有代表性的是在人体雕刻方面。雕刻的对象，也多以神像和运动员为主，如《波塞冬》《掷铁饼者》《雅典娜女神像》《宙斯神像》等，都是希腊雕刻艺术现实主义理想的集中体现，无不充满浓郁的古希腊的文化与时代特征。

知 识 小 结

　　摇曳生姿的古希腊文明与文化，从起始到消亡，前后跌宕延绵了将近两千年之久。勇敢智慧的古希腊人在自身繁荣的经济发展基础上，对社会生活的各个方面都进行了积极有益的探索与尝试，这也使得古希腊文化在人文思想、文学艺术、哲学以及科学等多个领域，都取得了令世人为之瞩目赞叹的伟大成就，有力地推动了世界文明史的发展进程。

回顾与延伸

　　希伯来文化和希腊文化是世界文化的两颗明珠。

　　位于地中海和阿拉伯沙漠之间的巴勒斯坦不仅是欧、亚、非三大洲的交通要道，也是古埃及文化和古巴比伦文化之间的重要文化交流要道。古老的《圣经·旧约》作为犹太教的宗教经典之作，也为现代人了解希伯来人的民族发展、文化发展提供了重要参考。

　　发源于爱琴海南部克里特岛上的希腊文化，建立了奥林匹克山众神的神学体系，也创造了灿烂辉煌的哲学、科学、体育文明。"太阳中心说"、"数"的概念、力学、流体力学、几何学为世界科学的发展奠定了重要的基础。

　　文化的发展需要和平稳定的环境，奥林匹克体育文化盛会（奥运会）为世界文化的发展与交流提供了平台，在这举世瞩目的体育盛会上，不同文化背景的人们汇聚在一起，彼此了解、互相尊重、相互交流，也促进了世界文化的发展。

第五章

古印度文化

在古代，印度文化不单单是指一个国家的文化，而是指整个南亚次大陆地区的文化。古印度文化历史悠久，在漫长的岁月里，古印度人民创造了灿烂的文明，在哲学、文学、艺术、建筑、科学技术、宗教信仰等领域都取得了伟大的成就，为后人留下了无数瑰宝。

古印度文化是世界文化不可分割的一部分，它对世界文化具有深远的影响。源于古印度的佛教至今仍然是世界三大宗教之一，影响着全球数以亿计的人们。

【文化要点】

✺ 了解古印度文化的发展概况。

✺ 熟悉古印度文化的哲学思想与文学作品。

✺ 认识古印度文化的艺术成就与著名建筑。

✺ 了解古印度文化的科学技术。

✺ 了解古印度文化中的宗教信仰，思考宗教文化对古印度文化的影响以及对世界文化的影响。

✺ 了解古印度人民的生活习俗。

第一节　古印度文化概述

　　古印度并不是一个国家的统称，而是一个地理概念，它是指喜马拉雅山以南、阿拉伯海以东、孟加拉湾以西、印度洋以北的呈倒三角形状的南亚次大陆地区，包括现今的印度、巴基斯坦、孟加拉国、尼泊尔等地，整个南亚次大陆地区如今被称作印度半岛①。

　　印度半岛三面环水，一面靠山，在航海技术并不发达的古代，印度半岛可谓是具有天然的地理保护屏障，这种特殊的地理特点，将印度半岛与外界隔离，为印度半岛产生独立的古印度文化体系提供了天然的地理条件，它使得古印度文明具有幽深、孤立的文化特点，与其他文明体系形成鲜明的对比。

　　古老的文明多发源于大河流域，印度河可以说是古印度文明诞生的起点。印度河发源于中国西藏的冈底斯山脉冈仁波齐峰的北坡，向西北流经克什米尔地区，然后转向西南流过今天的巴基斯坦，最后注入阿拉伯海。印度河及其支流为周边的居民提供了大量

---

　　① 杨俊明，张齐政. 古印度文化知识图本［M］. 广州：广东人民出版社，2007：1.

的农业灌溉用水，印度半岛上已知的最早的人类文明就诞生于印度河河畔，印度河与古印度文明的形成与发展具有密切联系。

恒河发源于喜马拉雅山南麓，与布拉马普特拉河交汇后注入孟加拉湾。在恒河与朱木拿河交汇的河间地区诞生了雅利安文明，古印度主要的政治、经济中心也大部分设立于此。除此之外，恒河还是印度的"圣河"，在印度教徒心中恒河具有神圣的净化能力，不仅能洗涤外在的污浊，更能净化内在的灵魂，恒河在印度人民心中的重要性不言而喻。

印度半岛以温带和亚热带气候为主，印度半岛的气候受印度洋季风的影响较大，五六月间，印度洋的暖流袭向大陆，同时带来大量的水汽，这些水汽在高山的阻挡下形成大量降雨。降雨滋润了陆地上的草木，同时补充了印度半岛的河水，其中，水系最发达的当属北部的印度河和中北部的恒河。在印度半岛中北部，水系发达的印度河、恒河以及布拉马普特拉河三条河流共同冲积形成了印度河—恒河平原，印度河—恒河平原土壤肥沃，交通发达，为农业和畜牧业的发展提供了便利的条件。

大约在公元前 2300 年至公元前 1750 年，在印度河流域诞生了印度河流域文明，因为其遗址首先在印度哈拉帕地区发掘，所以也称为哈拉帕文明，这是至今发现的这片大陆上最早的人类文明。

大约公元前 1500 年，雅利安人入侵南亚次大陆，建立了雅利安文明，这个时期称为古代印度时期。雅利安人扩张领土，分别于约公元前 321 年与公元 320 年两次建立大一统的帝国——孔雀帝国和笈多王朝，笈多王朝时期被称为古印度史上的黄金时代。约公元540 年，随着笈多王朝的覆灭，雅利安文明逐渐衰落。随着伊斯兰民族的入侵，约公元 1000 年，南亚次大陆慢慢进入古印度历史上的中世纪时期，即德里苏丹王朝时期。1526 年，信奉伊斯兰教的蒙古人再一次在这片大陆上建立了大一统王朝，之后，古印度文明逐渐消退，最后在英国的殖民统治下退出历史舞台。

古印度文明历史悠久，绵延数千年，虽然其间不断有外族游牧民族的入侵，但古印度人民凭借着勤劳的双手和智慧创造了独具特色的文明艺术，在哲学、文学、建筑、科学、宗教等多个领域都取得了辉煌的成就。这些成就即使在今天看来依然散发着夺目的光彩。

光辉璀璨的古印度文化不仅影响着古代东方文化，对世界文化的发展也产生了广泛的影响。古印度宗教教徒分布甚广，古印度文化通过宗教在境内外传播和弘扬，其间，一些国家的帝王、商贾和游客对印度宗教的提倡和鼓励加速了印度宗教的传播，也推动了古印度文化的发展和扩散，古印度同希腊、罗马、东亚以及东南亚地区国家建立的文化、贸易和外交关系，对促进东西方文化的发展和融合具有不可估量的作用。

知 识 小 结 •••••••••

古印度文明具有悠久的历史，在印度半岛这片神奇的土地上，古印度人民创造了辉煌灿烂的文明，留下了无数文化瑰宝，对世界文化做出了杰出的贡献并产生了深远的影响。

古印度文化是世界文化不可分割的一部分，学习和了解古印度文化对我们理解世界文化的发展具有深刻的意义。

第二节　哲学与文学

一、哲学

哲学体现了人们对世界的认识，古印度文化在发展过程中，产生了丰富的哲学思想。古印度哲学来源于宗教哲学，其与宗教的发展密不可分。

古印度哲学的发展经历了以下三个阶段。第一阶段，古代婆罗门哲学。第二阶段，诸派哲学。其中影响力较大的有正统六派和异流三派，人们把承认吠陀权威的婆罗门六派称为正统派，而把其他的流派（如顺世派、耆那教和佛教）称为异派。第三阶段，佛教哲学。

（一）《奥义书》——古印度哲学之始

《奥义书》是古印度最经典的古老哲学著作，它以理性的思维探索世界的根源、人的本质、人与自然的关系、人生最终命运等哲学问题，从理论上解决了婆罗门教的世界观和人生观问题。

《奥义书》提出许多新的学说和理论，其中影响力最广的有"梵我合一""业报轮回"和"智慧瑜伽"。

"梵我合一"学说认为"梵"（宇宙精神）是宇宙的最高本体，世界万物都源于梵，是由梵发展出来的，依靠梵而存在，"我"（即自我意识）是梵的化身，存在于人和其他生物体内。《奥义书》中所说的造物主"梵"已有明显抽象的特点，书中的"梵我合一""业报轮回"等学说体现了早期的唯心主义哲学思想。

（二）诸派哲学

婆罗门教是笈多王朝时期各代君主都推崇的教派，经过发展，形成了六个哲学流派，分别为数论派、瑜伽派、胜论派、正理派、弥曼差派和吠檀多派，这六个哲学流派以吠陀为权威，被称为婆罗门正统派，史称六派哲学。

六派哲学认为"梵"造万物，追求"梵我合一"，体现的是一种唯心主义哲学思想。与此同时，产生了一些反对婆罗门教六派哲学的唯物主义哲学思想，其中最有代表性的是顺世论派。顺世论派认为，世界是由物质组成的，地、水、风、火是组成世界的四大元素，是万物之源，生命之本，人类死后会复归于四大元素；意识源于物质，人类的肉体与意识是统一的，不可分离，人一旦死去，意识也将不复存在，从而否定了意识独立的存在以及轮回转世的唯心主义思想。

（三）佛教哲学

佛教哲学是佛教思想的核心，释迦牟尼创立佛教旨在帮助人们消除面对人生问题时内心的恐惧和痛苦，因此佛教哲学主要探讨人生问题，如人为什么活着、人生命运等，在探讨这些问题时，不可避免地涉及宇宙起源等问题，因此佛教哲学主要以探讨人生哲学为主，也包括宇宙起源等问题。

佛教中的"五蕴说"认为人的身心是由色蕴、受蕴、想蕴、行蕴以及识蕴五种成分构成的，该学说虽然不符合科学，但是体现了佛教中的唯物主义哲学思想。

释迦牟尼主张"诸法无我"，"法"是指我们能够感受到的客观存在，"我"是指内在意识，"诸法无我"就是说任何客观存在都没有永恒的意识，因此佛教否定了婆罗门教中神的存在，但是佛教依然是站在唯心主义立场上来反对婆罗门教的。

知识拓展

耆那教哲学

耆那教与佛教诞生于同一时期，是当时影响广泛的另一大宗教。

耆那教反对婆罗门教"神创造万物"的观点，它认为世界是由两种元素构成的，即灵魂和非灵魂，灵魂又分为能动的（如植物和动物）和不动的，不动的灵魂存在于地、水、风、火四大元素中。非灵魂又可以分成定形的物质和不定形的物质两种，前者由原子和原子复合体构成，后者由时间、空间、法和非法构成。

耆那教的原子论学说在一定程度上反映了客观唯物主义哲学思想。但其在社会伦理思想方面主张的苦行主义、业报轮回等依然没有摆脱唯心主义思想。

二、文学

古印度文学源远流长，留下了许多杰出的作品，如来源于宗教的《吠陀文集》，著名的印度史诗《摩诃婆罗多》和《罗摩衍那》等。

（一）吠陀文学

吠陀（Veda）的意思为"知识""学问"，吠陀文学是印度最古老的文学，是雅利安人进入印度时期形成的。通常所说的吠陀是指婆罗门教的《吠陀经》（或称"本集"），共有四部，分别为《梨俱吠陀》（颂诗）、《娑摩吠陀》（歌词）、《耶柔吠陀》（经文）和《阿闼婆吠陀》（巫术咒语），它经过几个世纪由多人创作完成，后经过口耳相传的方式流传至今。这部《吠陀经》的内容汇总了各种圣歌、祷词、祭文和咒语等经文，是古印度最早的文学作品。

《吠陀经》还有附属文献，主要用于解释《吠陀经》的内容，附属文献有《梵书》《森林书》《奥义书》等。这些文献不仅是对《吠陀经》的说明，而且涉及当时社会生活和自然科学，其中《奥义书》探讨了宇宙的起源、人与自然和神的关系等一系列哲学问题，是吠陀文献的精华。

颂

　　颂是古印度的一种诗体形式，一颂有两行诗，每行有十六个音。《梨俱吠陀》是吠陀本集中的一部，其主要内容为各种歌颂大自然以及反映社会生活的颂诗。

（二）史诗文学

　　《摩诃婆罗多》和《罗摩衍那》并称古印度的两大史诗，与吠陀宗教文学不同，两大史诗属于世俗文学，产生于公元前数百年间。

　　《摩诃婆罗多》意为"伟大的婆罗多族"，因此有人称其为古印度雅利安人的民族史诗。它的作者是毗耶婆（广博仙人），但有人认为毗耶婆在古梵语中是"编订者"的意思，而且该书规模宏大、内容庞杂，因此推断《摩诃婆罗多》并非一人所作，一开始可能是民间流传的口头文学，后经多位民间诗人收集整理而成。《摩诃婆罗多》在古印度文学史上，享有很高的地位，该史诗共十八篇，约十万颂，曾经被认为是世界上最长的叙事诗。书中内容主要描写了牵涉整个印度的一场战争，其描绘的人物个性鲜明，故事扣人心弦，为后世诗人和剧作家提供了丰富的素材，激发了他们的创作热情。

《罗摩衍那》又称《罗摩传》或《罗摩的生平》，是古印度另一部占有重要地位的史诗。相传该史诗在公元前4世纪时大部分情节已逐渐形成，至公元2世纪由仙人蚁垤编纂成文。书中讲述了以居萨罗国王子罗摩与妻子悉多悲欢离合的故事，反映了列国时代纷乱的斗争。

《罗摩衍那》在文学写作手法上比《摩诃婆罗多》更进一步，其描写的故事不仅联系紧密，文学性也比较强，印度人称《摩诃婆罗多》为"历史传说"，而称《罗摩衍那》为"最初的诗"。

（三）其他文学

除了吠陀文学和两大史诗，古印度还出现了其他具有影响力的文学，如往世书、佛教文学、梵文古典文学等。

往世书是指描写古代传说的一类作品，它与史诗文学几乎同时出现。这些古代传说实际上是一些神话故事，作品内容丰富多样，既有宇宙论，又有关于诸神、精灵、祖先的各种传说，还有种姓、正法等的论述。

佛教文学是指佛教典籍中一些具有文学特点的传说、故事和寓言等作品，它是古印度文学的重要内容之一。

梵语是古印度的通用语言，梵文古典文学的大量作品以恋爱为主题，文学和宗教混合在一起。梵文古典文学对古印度各个地方以及世界其他地方的语言文学发展都有明显影响。

知 识 小 结 ·········●●●

　　古印度的哲学与文学的发展都离不开宗教，它们源于宗教，是古印度文化的核心和精华。

　　古印度的哲学思想深邃奥妙，通过它的哲学思想可以解释世间万物。虽然古印度的各个宗教派别思想不一，但是都能自成体系，自圆其说，体现了古印度人非凡的智慧。

　　吠陀文集和两大史诗是古印度著名的文学作品，它们对后世的文学影响巨大，由它们衍生出的文学作品也深受人们的推崇和喜爱。

第三节　艺术与建筑

一、艺术

艺术是民族精神的映射，古印度艺术具有鲜明的道德观念和审美观念，并与宗教联系紧密，古印度艺术在绘画、音乐、舞蹈等方面都具有卓越的成就。

（一）绘画

古印度最早的绘画是画在岩壁上的，因此也称岩画，原始的作品主要由简洁的线条构成。这些岩画主要描绘人类的狩猎场景，也有一些描绘人类的殡葬场景和舞蹈场景。

石窟中精妙的壁画离不开绘画艺术的发展，举世闻名的阿旃陀石窟壁画绘制了佛传故事、社会生活与自然风光的情景，壁画中色彩与线条巧妙结合，作品形象生动，取得了极高的艺术成就，是印度古典绘画的经典之作。

（二） 音乐

古印度对音乐的记载可追溯到吠陀文集。《梨俱吠陀》中包含大量赞歌，吟咏这些赞歌需要音乐知识，而《娑摩吠陀》中都是歌词，需要歌唱，更离不开音乐，通常认为，古印度音乐正是在祭祀仪式活动中发展起来的。

古印度文明信奉轮回转世，轻物质、重精神，因此古印度音乐具有浓烈的宗教色彩，古印度人将音乐视为能够超脱俗世的崇高艺术形式，音乐在古印度人民心中具有重要的地位。

古印度音乐自成体系，并反映出本民族的风土人情。由于古印度音乐与宗教联系紧密，所以古印度音乐不仅复杂多样，还具有一些神秘色彩。古印度音乐丰富而复杂，是世界音乐文化的宝藏，其传播性和包容性都很强，对其他国家和地区的音乐也产生了广泛的影响。在汉朝时期，古印度音乐与佛教一起传入中国，到了 3 世纪，许多地区开始流行梵呗（佛教徒念经的声音），唐朝时，一些古印度音乐的元素已经融入中国本地音乐。

（三） 舞蹈

古印度人民能歌善舞，现存的远古岩画中就有描绘舞蹈活动的场景，因此早在史前时期，印度半岛上就出现了舞蹈。古印度舞蹈具有悠久的历史，舞姿优美多样且风格独特，是古印度人民娱乐生活的重要组成部分。

古印度人民热爱舞蹈，传说印度教三大神之一的湿婆是古印度舞蹈的始祖，会跳 108 种舞，被称为舞王，他狂热的舞姿正象征着宇宙永恒的运动。古印度舞蹈可能起源于宗教祭祀活动，通过舞蹈与神灵沟通，从而获得神灵的庇佑。古印度舞蹈题材广泛，既能演绎宗教、神话传说，也能表现宫廷轶事和日常生活。

二、建筑

古印度人民在建筑领域取得了辉煌的成就。早在史前时期，古印度就有了岩洞建筑，到了孔雀王朝阿育王统治时期，佛教建筑得到空前发展，其中最具代表性的作品有阿育王法敕、桑奇佛塔和阿旃陀石窟。

阿育王统治时期，信奉佛教，因此致力于精神统治，在全国颁布敕令和教谕，并将其刻于石柱上，称为"法敕"。石柱通常高达10米，柱顶精细雕刻狮子、牛等动物，象征国王的权威，柱身刻有诰文等。

桑奇佛塔

佛塔的梵文音译为"窣堵波",原本是佛教徒保存佛骨的地方,一些发展为寺庙和佛教中心。阿育王时期曾在各地建造佛塔,其中尤以桑奇的最为著名。桑奇佛塔最初以砖砌成,之后扩建并加砌了一层石块,最终形成一座半球形建筑,直径约 36.6 米,建筑顶端为平台,平台上造一方坛,坛上立有伞盖物。佛塔周围建有围栏和大门,每个门上都布满以佛教故事为题材的精致雕刻。

"永恒面颊上的一滴眼泪"——泰姬陵

古印度人民信奉宗教,古印度的建筑艺术也深受宗教影响。除了佛教建筑,其他宗教盛行时期也有独具特色的建筑,例如人类古代文明的七大奇迹之一——泰姬陵就是印度伊斯兰教的典型建筑。

莫卧儿王朝时期,伊斯兰教在印度半岛各宗教中占据最高地位,这期间伊斯兰教建筑在印度半岛上也发展迅速。

泰姬是印度莫卧儿帝王沙贾汗的妻子,她不仅貌美而且聪明,深受沙贾汗宠爱,但在 36 岁时因难产而死。沙贾汗请来最优秀的工匠,动用两万多人,耗时 22 年为他的妻子修建了举世无双的陵墓,之后沙贾汗面对泰姬陵睹物思人,愁容满面。泰姬陵见证了沙贾汗与泰姬之间凄美的爱情故事,印度诗人泰戈尔称其为"永恒面颊上的一滴眼泪"。泰姬陵设计得巧妙精美,中央是正方形台基,台基中间是主体部分——

使用白色大理石制成的圆顶寝宫，寝宫上部是金色的塔尖，四角各有一座小圆顶凉亭，与中央的圆顶相互呼应，在台基四周还耸立着四座尖塔，其塔尖与中央的塔尖相互映衬，形成特殊的美感。

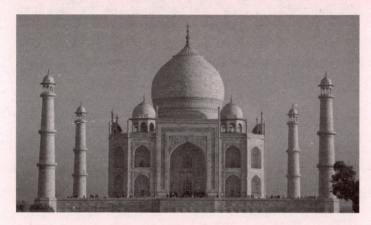

泰姬陵

　　石窟艺术是古印度建筑宝库的另一大成就。阿旃陀石窟于约公元前 2 世纪始建，至公元 7 世纪最终建成，共有 29 座窟。它位于海特拉巴省的文迪亚山脉中，开凿在一个长 550 米的新月形的悬崖上。阿旃陀石窟是作为佛殿、僧房而开凿的，内有石雕佛像、壁画等，壁画内容既有佛的生平故事和宫廷生活，又有劳动人民的生产生活场景。阿旃陀石窟是古印度的佛教圣地，也是融建筑、雕刻、绘画三者为一体的典型艺术代表。

阿旃陀石窟佛像

知识小结 •••••••••

　　宗教的发展促进了古印度艺术与建筑的发展，阿旃陀石窟不仅是建筑史上的伟大成就，内含的壁画也是绘画艺术的精华；能歌善舞的古印度人民为世界音乐和舞蹈贡献了独具特色的音乐元素和舞蹈形式；佛塔、泰姬陵更是古印度人民创造的伟大奇迹。

　　了解了古印度人民创造的艺术和建筑成就，不得不感叹古印度人民卓绝的艺术天赋。

第四节　科学技术

古印度人民虽然崇尚宗教，重往生，但是在科学技术方面对推进世界文明也有重大贡献，且在数学、天文学、医学等领域均有较大的成就。

一、数学

古印度数学的发展离不开宗教祭祀活动。古印度人民在祭祀时需要使用祭坛，而祭坛的设计与建造离不开几何知识，这就促进了古印度几何学的发展，当时的著作《准绳经》中就提出了勾股定理以及等面积的正方形与长方形、正方形与圆形、正方形与三角形的绘制方法。

古印度人很早就发明了数字 1—9，至公元前 3 世纪以后，又发明了数字 0。之后古印度人逐渐通晓按位计值的方法、十进位法，并能计算平方根和立方根。8 世纪左右，古印度人的计数方法和数学知识传入阿拉伯。现在依然在使用的阿拉伯数字系统就是由古印度人民发明的，后传至西方，西方以为这套数字系统是由阿拉伯人发明的，因此称其为阿拉伯数字，但其实最早是由古印度人发明的，且一直沿用至今，这一数字系统是古印度人民对人类文化的一项杰出贡献。

5 世纪左右，古印度著名的数学家阿利耶毗陀计算出了圆周率的近似值为 3.1416，他计算出的圆周率值比希腊人精确，领先世界 1000 余年。阿利耶毗陀还将数学知识运用到天文学当中，成为以数学为基础的新天文学先驱。

二、天文学

古印度的天文学可以追溯到公元前 2000 年左右，在经典文献《吠陀文集》中就已经涉及天文学知识，人们把太阳、星辰和彗星神化，创造出太阳神苏利耶、月神苏摩等神祇。当时的古印度人还将人的命运与行星联系在一起，产生了占星术。古印度农业生产的需要促进了天文学的发展，人们凭借肉眼观察天体，认识天体，在吠陀时代就已经注意到了日食和月食现象，并注意到除了太阳和月亮外，还有金、木、水、火、土五大行星以及其他星宿。古印度人民较早创立了阴阳历，在《鹧鸪氏梵书》中记载着一年分为春、热、雨、秋、寒、冬六季，《爱达罗氏梵书》则记载一年为 360 日，分 12 个月，每个月 30 天，每隔 5 年加闰月，以调整岁差。

5—6 世纪，古印度著名的数学家和天文学家阿利耶毗陀将自己的研究心得写成著作《阿利耶毗陀论》。在书中，他阐明了日食与月食的形成原因，并准确预测了之后日食与月食发生的时间。阿利耶毗陀最令人惊叹的是提出了日心说，他认为地球不仅自转，还围绕太阳公转。

阿利耶毗陀与日心说

阿利耶毗陀是古印度伟大的数学家和天文学家，他首次将数学与天文学结合，开创了以数学为基础的天文学研究。

《阿利耶毗陀论》于8—9世纪被译为阿拉伯文，后来传入意大利及欧洲其他国家，而哥白尼曾于1500年左右在意大利留学，哥白尼是否借鉴过阿利耶毗陀的理论我们已无从得知，但阿利耶毗陀提出的日心说理论比哥白尼提出日心说整整早了几个世纪，体现了古印度文明在天文学领域的超前发展。

三、医学

古印度在医学方面也取得了很高的成就。早在《阿闼婆吠陀》中就出现了有关医学的内容，其中记载了77种疾病，如腹泻、发烧、肺病、麻风等，还记录了治疗方法和药物知识。

公元前1世纪左右，古印度出现了第一部专门的医学著作——《阿柔吠陀》（也称《寿命吠陀》），书中指明，人体包含五大要素，分别为躯干、体液、胆汁、气和体腔，如果五要素产生异常或失调，人就会生病，这种论述为古印度医学奠定了基础。这部著作主要涉及内科医学。

古印度一代名医妙闻填补了外科医学的空白。他的著作《妙闻集》中讲述了三百余例外科手术，如剖腹术、膀胱结石切除术、整形外科手术等，其中膀胱结石切除术领先欧洲近 10 个世纪，他发明的皮瓣移植技术至今仍然是整形外科的基本医疗手段之一。除此之外，在他的著作中还详细介绍了内科、外科、妇产科、儿科等二十多种疑难杂症。妙闻的开拓性创新，让印度外科医学在世界上一时处于领先地位。

古印度外科医学如此发达，离不开古印度人的爱美天性。为什么这么说呢？古印度人爱漂亮，喜爱美化耳垂和鼻子，他们认为长耳垂能够驱除恶鬼，因此小孩出生后家长会为孩子打上耳孔，打耳孔就需要专业的整形医生了。

为了美化鼻子，古印度人还发明了鼻子整形术。外科医生采用同体移植的方法取下患者前额的皮肤包裹人工导管充当鼻腔，再进行缝合固定。正是这种对美的追求，促进了古印度外科医学的发展。

知识小结

古印度文明在科学技术方面成就斐然。在数学上，古印度人发明了数字系统，形成了如今依然在使用的阿拉伯数字；在天文学领域，阿利耶毗陀较早掌握了日食、月食的规律以及地球自转和公转的特点；在医学方面，古印度外科医学超前发展，甚至出现了整形手术。

古印度科学技术的发展推动了人类的进步，为人类文明的发展做出了突出贡献。

第五节　宗教信仰

古印度文明的发展离不开宗教，古印度文化的方方面面都可以看到宗教的身影，宗教历史之悠久，影响之广泛，持续时间之持久可谓空前绝后。

一、婆罗门教与印度教

婆罗门教是印度的古代宗教，后演变为如今的印度教。

婆罗门教典籍中规定了种姓制度。种姓制度将印度人分为四个等级，按照地位从高到低依次为：婆罗门、刹帝利、吠舍和首陀罗。婆罗门为第一等级，属祭司贵族，掌握神权；刹帝利为第二等级，属统治阶级，掌握军政大权，可以征收各种赋税，并在战争中掠夺战利品，婆罗门与刹帝利均是享有特权的统治阶级。吠舍为第三等级，主要是没有特权的平民百姓，从事农业、牧业、手工业和商业等，他们必须以捐赠和纳税供养婆罗门与刹帝利；第四等级为首陀罗，主要是被征服的土著居民，大部分是奴隶、杂工和仆役等，他们位于社会的最底层，几乎不享有任何权利。

四个等级的人们享有的权利和地位各不相同，等级采用世袭制，各等级的职业固定不变，而且不同等级不能通婚，这就进一步巩固了阶级地位，断绝了阶级上升的可能性，从而保护了上层种姓的特权地位。处于四个等级的人在法律、宗教和社会生活的方方面面都是不平等的，尤其是前三个阶级与首陀罗之间界限最为明显。

婆罗门教的产生正是为了维护统治阶级婆罗门和刹帝利的利益。婆罗门教信奉多神，它的起源可以追溯到早期吠陀时代雅利安人对自然的崇拜，当时雅利安人畏惧大自然的力量，将自然现象归为神的作用，如天神、风神、雨神、火神、太阳神、黎明女神等，之后随着种姓制度的建立，约公元前7世纪，逐渐演变为婆罗门教。

婆罗门教信奉多神，其中以梵天（造物神）、毗湿奴（护持神）、湿婆（破坏神）为三大主神，这三神中梵天是源神、创造神，护持天、地、空三界。

婆罗门教以《吠陀经》为经典，编撰了《梵书》《森林书》《奥义书》等诠释本，并在此基础上形成了一套完整的教义和理论，其教义主要体现在"梵我合一"和"业报轮回"。

《森林书》中说："万物从梵天而产生，依梵天而存在，毁灭时又归于梵天。"[①] 婆罗门教的教义认为梵是创造万物之神，是最真实的存在，世界万物都是虚幻的，都不过是梵的化身，每个人的灵魂也来自梵，只有代表宇宙最高精神的梵和自我相结合才能达到梵我合一。

除了"梵我合一"，婆罗门教还宣扬"业报轮回"。"业"是指一个人在欲望的支配下思想、语言、行动上的表现和活动，业有善恶之分。婆罗门教相信人有灵魂，并且死后可转移，如果一个人造了业（做了恶行），死后会投胎到低级种姓，甚至牲畜；一个人行

---

① 张广智，黄洋，赵立行. 世界文化史（古代卷）［M］. 杭州：浙江人民出版社，1999：130.

善举则能得到好报，来世转生为高级种姓。各个种姓只有遵守婆罗门教义才能摆脱人生的苦恼，最终达到"梵我合一"的境界，得到解脱。婆罗门教的教义旨在让人们逆来顺受，不做反抗，统治阶级以此来维护种姓制度和自己的权利。

后来，婆罗门教吸收了佛教和耆那教等部分教义，演化成了印度教，至今印度教依然是当地教徒最多的宗教。

二、佛教

佛教的创始人为乔达摩·悉达多，佛教教徒尊称他为释迦牟尼（意为释迦族的圣人），简称佛、佛陀。他原本是喜马拉雅山麓的小国迦毗罗国释迦族的王子，属刹帝利种姓。悉达多幼时受过良好教育，从小生活在王宫之中，享受荣华富贵。但是物质上的富足并没有阻挡他在精神上的追求，在娶妻生子之后，他于29岁时抛弃世俗生活，开始出家修行探寻人生真谛。悉达多经过6年的苦行，终于在35岁时"大彻大悟"，创立了佛教。

佛教反对婆罗门教的教义，认为众生生而平等，每个人都可以靠自己的修行得道。"众生平等"的理念对婆罗门教造成不小的冲击，这一理念吸引了广大低种姓的民众入教，使得佛教一时得到快速发展壮大。

如何摆脱人生苦恼得到解脱，针对由此涉及的一系列问题，释迦牟尼给出了各种解释，他的解释形成了佛教的基本教义，总的来说，佛教的教义主要包括四谛、八正道、十二因缘、五蕴等。

所谓"四谛"，是指四种真理，包括苦谛、集谛、灭谛和道谛。人生在世，一切皆苦，人生八苦即为苦谛；众生因为欲望而产生追求，求而不得，欲望落空，这种自寻烦恼而造成痛苦即为集谛；如果想要灭掉苦因苦果，以得到解脱，即为灭谛；通过修道而脱离苦海，即为道谛①。

"十二因缘"学说认为世界上各种现象都依赖于"因缘"而存在，离开了因缘，就无所谓存在，十二因缘即从无明到生死的十二个环节，这些环节互为因果条件。

除此之外，佛教还吸收了婆罗门教教义中善恶有报、人生轮回的思想。

释迦牟尼四处云游传教布道，待他去世时，佛教已经初具规模，之后经过几个世纪的传播，佛教不仅在印度内部具有广大的教徒，而且传播到了邻国和世界其他地区，发展成为世界性宗教。

知识拓展

"大乘佛教"与"小乘佛教"

约公元1世纪，一些佛教信徒受其他思想的影响，主张将佛神化。在此之前，佛教教徒一直将释迦牟尼看作是先师，而非神，这些新派思想将自己的教义定义为"大乘"，而将原先的佛教视为"小乘"，从而在佛教内部产生了"大乘佛教"和"小乘佛教"的分化。

大乘佛教与小乘佛教在修行内容和方法上有所不同。小乘佛教重在利己，即"度我"；大乘佛教强调利他，即"度众生"。

---

① 杨俊明，张齐政.古印度文化知识图本［M］.广州：广东人民出版社，2007：139.

大乘佛教与小乘佛教的传播路线也不相同，大乘佛教主要沿北路传入中亚、西域、中国、朝鲜、日本等国家，而小乘佛教则主要沿南路传入斯里兰卡、缅甸、泰国、柬埔寨、越南、印度尼西亚等地。

婆罗门教与佛教在印度的发展此消彼长，佛教兴起后，婆罗门教日渐衰落，这一状况持续到公元 4 世纪。公元 4 世纪后，婆罗门教吸收了佛教和其他宗教的一些教义，改为印度教，而后取得了主导地位，成为印度第一大宗教，而佛教则在印度呈衰落之势。但是"墙内开花墙外香"，佛教在国外收获大批信徒，得到广泛传播，成为世界三大宗教之一，并且对世界上多个国家和地区都产生了深远的影响，伴随佛教而产生的佛教遗迹、石窟艺术、佛教文学等，成了宝贵的世界文化遗产。

知识小结 ••••••••••

宗教可以说是古印度对世界文化的重要贡献。印度教是在印度当地教徒最多的宗教，而古印度输出的佛教与基督教、伊斯兰教并称为世界三大宗教。

宗教对古印度人民的影响是方方面面的，无论是哲学、文学还是艺术、建筑，抑或科学技术的发展都是围绕着宗教而展开的。学习和了解古印度的宗教信仰对理解古印度文化具有重要意义，可以说不了解古印度的宗教信仰，就无法真正理解古印度文化。

第六节　生活习俗

古印度普通民众生活简约朴素，农村的住宅多为简陋的茅草屋，但统治者和富人则生活奢侈，他们住在豪华的宫殿，用餐时要宰杀大量的牲畜。古印度人的宗教信仰根深蒂固，他们的节日也常常是宗教节日。其中最盛大的节日当数 10 月的凯旋节和 2、3 月的霍利节。

凯旋节，又称十胜节，这个节日源于史诗《罗摩衍那》，是为了纪念罗摩战胜魔王罗波那而设，古印度人在十胜节期间将连续 10 天演出这场战争故事，到最后一天正是节日当天，这场演出也迎来高潮，罗摩的扮演者手拉弓箭，射中代表敌人的纸人，纸人瞬间燃成灰烬，代表正义战胜了邪恶。

霍利节也称泼水节，信徒认为这一天是辞旧迎新的日子，因此也称春节。在这一天，人们来到街上，互相抛洒用花朵制成的红粉，使用水罐、水桶等毫无顾忌地互相泼水，迎接春天的到来。

知识拓展

印度饮食

印度教教徒认为牛是圣灵，因此对牛十分爱护和崇拜，牛在印度具有极高的地位，一般人不得随意宰杀。受此思想影响，古印度人认为素食能够让人保持健康和长寿，后来，佛教又提倡众生平等，不得杀生，逐渐地，素食主义就演变成了一种全民风尚。

为了将素食变得美味，古印度人将调味技术发挥得淋漓尽致。他们制作饭菜时使用多种调味品，如紫苏、大蒜、葱、姜、肉桂、丁香、豆蔻、黑胡椒等，古印度人还将这些调味品制成了咖喱并流传至今。

古印度人的服饰布料主要以棉布为主，由于印度气候炎热，古印度人的服饰通常比较宽大，上衣像围巾，下衣类似现代印度人穿的腰布。

在吠陀时代晚期古印度服饰产生了纱丽和陶迪。纱丽是印度女性的传统服饰，它是将一整块布缠绕在身上，形成一种垂褶装束。纱丽轻盈飘逸，上面可以添加华丽的刺绣和装饰，古印度女性身着纱丽别具韵味。纱丽适用于各种场合，如拜见长辈、参加仪式或拜佛等，不过在有些场合女性需用纱丽遮盖头部和脸部。陶迪是男性服饰，它也是一块布料，使用时将布料缠在下半身，根据缠绕方式不同，可以产生裤子或裙子的视觉效果。

知 识 小 结 ⋯⋯⋯●●●●●

　　生活习俗是文化的映射，丰富多彩的节日、独具特色的饮食、华丽多姿的服饰，无一不是印度半岛古老文明悠久历史沉淀的结果。

　　古印度的生活习俗鲜明地再现了古印度人民方方面面的生活，了解他们的生活习俗，有助于我们更深刻地理解古印度文化的内涵。

回顾与延伸

　　古印度文化历史悠久，在漫长的岁月里，充满智慧的古印度人在哲学、文学、艺术、建筑、科学技术、宗教信仰、生活习俗等方面都有杰出的发展。

　　古印度统治阶层为了维护既得利益，规定了种姓制度，为了维护种姓制度创建了婆罗门教，从此宗教在这片土地上生根发芽、茁壮成长，最后成为一棵参天大树。宗教对古印度文化的影响不仅仅是宗教本身，它对古印度的哲学、文学、艺术、建筑、生活习俗等各方面都有深远的影响，甚至推动了科学技术的发展，如宗教文献《奥义书》率先探索了世界的根源等哲学问题，吠陀文学正是源于婆罗门教的《吠陀经》，而建筑的风格也具有浓厚的宗教色彩。如今位于世界三大宗教之一的佛教正是起源于古印度。

　　古印度文化源远流长，涵盖的内容丰富多样，除了书中所述领域，古印度文化在语言、文字、历史、政治与法学等领域也极富特色，值得人们深入了解。

第六章

古罗马文化

在西方文明发展的历史长河中，古罗马以其杰出而独特的文化成就在世界文化史上占据了属于自己的一席之地，它不仅对西方文化的发展做出了巨大的贡献，甚至对整个世界文化的多样与繁荣也起到了十分重要的推动作用。

古罗马文化在文字、哲学、法学、文学、史学、艺术、建筑、科学技术、宗教神话和生活百态等方面都有其独特的成就与特点，了解古罗马文化各方面的特点与成就，便能掌握古罗马文化的精髓，从而更好地领会古罗马文化与古代欧洲文化以及世界文化之间的关系。

【文化要点】

✿ 了解古罗马文化的缘起与特征。

✿ 掌握古罗马文化在文字、哲学、法学、文学、史学、艺术、建筑、科学技术、宗教神话和生活百态等方面的特点与成就。

✿ 探究古罗马文化与古代欧洲文化和世界文化之间的关系。

第一节　罗马文化的缘起与特征

罗马文化不是凭空产生的，而是在西方各民族文化交融和碰撞的过程中继承与发展起来的，它不仅受到伊达拉里亚文化的影响，还与古希腊文化渊源颇深，值得我们深入其中，一探究竟。

一、罗马文化的缘起

谈及罗马文化，我们第一时间便能想到古代罗马的发祥地——意大利半岛，在这座半岛上，罗马人经过长期不懈的努力，不仅创建了庞大的罗马帝国，还逐渐形成并发扬了古代罗马文化。

（一）古代罗马发祥地

意大利半岛坐落于地中海北岸的中心地带，地形狭长且形似皮靴，东濒临亚得里亚海，西与第勒尼安海相接，南临爱奥尼亚海，北部则连接着阿尔卑斯山脉。纵观整个意大利半岛，能看到亚平宁山脉贯穿全境，将意大利半岛分成各具特色的自然区域。

意大利半岛以北的波河流域是相对富饶的冲积平原，东部狭长地带连接着适宜畜牧的阿普利亚高地，西部山势相对平坦，形成了伊达拉里亚平原、拉丁姆平原和坎佩尼亚平原，南部沿海地区则与盛产谷物的西西里岛隔水相望。虽然意大利半岛的地域条件与古希腊相比，更利于发展农牧业，但是这座半岛的海岸线却较为平直，且港湾与沿海岛屿稀少，使得意大利半岛航海与对外贸易的条件较古希腊稍微逊色。

从气候条件看，意大利半岛属于典型的地中海气候，冬季温暖湿润，夏季高温多雨，全年降水量充沛，适宜农牧业的生产与发展，也因此逐渐成为各个种族不断争夺和杂居的地区，其中便包括罗马人。罗马人原属于拉丁族（印欧民族分支），祖先曾在意大利北部的欧洲内陆地区居住，约在公元前 2000 年初，罗马人的祖先分批进入意大利半岛，并在半岛的巴拉丁山附近建立了拉丁人（拉丁族的分支）村落聚居地，后来又与邻近巴拉丁山的萨宾部落合并，成为早期古罗马居民。

公元前 754—公元前 753 年，罗慕洛在意大利半岛的台伯河畔建造了一座新城，取名罗马城，并开创了罗马的王政时代。这一时期在意大利半岛上还生活着许多其他民族，如生活在波河流域的高卢人、生活在半岛中部的伊达拉里亚人以及散布在半岛南部沿海地区与西西里岛的古希腊人等，罗马在后期统一意大利半岛的过程中，与半岛上的这些民族展开了长达几百年的斗争，罗马文化也因此深受伊达拉里亚文化和古希腊文化的影响。

（二）罗马文化的形成与发展

罗马文化在形成与发展的过程中受伊达拉里亚文化和古希腊文化的影响较大，一般认为伊达拉里亚人主要是从小亚细亚半岛进入意大利的，也有人称伊达拉里亚人是意大利半岛的土著居民，但不论伊达拉里亚人是如何在意大利半岛生存与发展起来的，他们都曾在意大利半岛上创造过较发达的伊达拉里亚文化。

据了解，伊达拉里亚人于公元前 7 世纪在意大利半岛建立城市，以农耕为主，且手工业发达，并与当时的古希腊人有着颇为频繁的商业贸易。伊达拉里亚人所使用的字母与文字同古希腊文较为相似，他们崇拜神灵，乐于建造拱门或圆顶形的房屋，不仅在美术领域表现出色，而且在雕塑方面也取得了许多杰出的艺术成就。公元前 6 世纪，伊达拉里亚人在半岛的势力发展到了极盛，古罗马文化也因此在文化上受到了伊达拉里亚文化的影响，其中包括宗教制度、娱乐方式和建筑样式等，伊达拉里亚人的格斗文化也被罗马人吸收与借鉴，并逐渐发展成具有罗马特色的格斗文化，从这个意义上说，伊达拉里亚文化或许可以被称作"罗马文化的源头"[①]。

作为世界文化璀璨一角的古希腊文化也曾对罗马文化产生过极大的影响。公元前 2 世纪中叶，罗马势力日趋强盛，并征服了意大利半岛上的古希腊。在罗马征服古希腊的过程中，罗马人被古希腊的文化魅力深深吸引，故在征服古希腊后，罗马人便在帝国之中掀起了一股效仿希腊的热潮。大量的罗马艺术家开始对古希腊的文艺作品进行模仿与借鉴，并将劫掠来的古希腊艺术品用于罗马城的装饰，罗马城不仅广泛接纳传播古希腊文化的希腊移民，还鼓励罗马人积极学习与吸收大量的古希腊文化，特别是古希腊神话，在罗马几乎是"换汤不换药"地被大量吸收，例如古希腊神话中的主神宙斯在罗马神话中被称为朱庇特，宙斯的妻子赫拉被称为朱诺，海神波塞冬被叫作涅普顿，象征美与爱的女神阿芙洛狄忒被称作维纳斯等。罗马的文化艺术也因此染上了较为浓厚的希腊色彩，著名学者贺拉斯曾意味深长地说："虽然罗马征服了希腊，但在另一种意义

---

① 庄锡昌，鲍怀崇．世界文化史［M］．南昌：江西人民出版社，2000：71.

上，希腊也征服了罗马。"

此外，罗马文化的形成及发展也与当时罗马帝国政治、经济的发展息息相关，或者说，罗马文化是庞大的罗马帝国在融合意大利半岛东西方各民族文化的基础上，通过吸收、借鉴、融合等方式创造而成的，其有着鲜明的特色和辉煌的成就。

古罗马遗址

知识拓展

罗马文化的两个阶段

罗马文化在发展的过程中大致可以分为两个阶段，即共和时期和罗马帝国时期。在共和初期，伊达拉里亚文化深深地影响了罗马文化的形成与发展，罗马人在科学技术、宗教信仰、艺术特色及建筑工程等方面都受其影响。随着巴尔干半岛（古希腊的部分疆域）被罗马征服后，大量希腊文化才得以涌进罗马城，许多受过较高教育的希腊人也开始成为罗马奴隶主贵族的家庭教师、私人医生及家族乐师等，他们的存在也为罗马文化的发展做出了巨大的贡献。

在帝国时期，罗马文化在经济富足的社会背景下得到了更进一步的发展，这一阶段的罗马文化也更能反映出当时罗马帝国的政治与经济特征。例如，在科学技术上，出现了许多应用性科学技术和综合性研究成果；在文学艺术上，罗马出现了大量歌颂丰功伟绩和繁华盛世的作品；在哲学上，也出现了统治者进行阶级统治的神学哲学和宗教迷信思想。

二、罗马文化的特征

罗马文化作为西方文化史上具有继往开来作用的重要文化之一，有着独属于罗马的文化特征，即务实性、开拓性、纪律性、信仰性以及融合性等。

（一）务实性

务实性是罗马文化的典型特征之一。罗马诞生于意大利半岛，温暖的气候和充足的降水量使罗马的农业逐渐发达，历代在罗马这块土地生活的居民多以农业为生，这也使得罗马文化具备了质朴务实的典型特点。此外，罗马在最初建立城邦时，力量相对微弱，罗

165

马人在夹缝中默默积蓄力量，即便被伊达拉里亚人统治也未曾放弃，最终实现了意大利半岛的统一，罗马人这种踏实肯干的务实性格也使得罗马文化时刻透露着质朴务实的典型特点。

（二）开拓性

公元前 509 年，罗马确立了共和国体制，为了获得意大利半岛的统治权，罗马共和国踏上了对外扩张的道路，罗马士兵们不惧危险，英勇作战，终于在公元前 272 年统一了当时的意大利半岛。公元前 3 世纪至公元前 2 世纪后期，罗马共和国经过一系列扩张战争，由意大利半岛的统治者发展扩张成了东起小亚细亚、西至大西洋海岸的地中海霸主。长期的对外扩张不仅使罗马获得了大量的财富、土地与奴隶，为后来罗马奴隶制经济与文化的发展奠定了基础，还使得整个罗马文化表现出了一定的开拓性特征。

（三）纪律性

罗马从台伯河畔一个小城邦逐渐扩张发展成横跨欧亚非三大板块的大帝国，不仅得益于其质朴务实与敢于开拓的民族性格与文化特点，还得益于其完备实用的法律规定与先进的治民理念。随着罗马法律体系的日趋完善，罗马居民开始按照相应的法律规定进行生活，逐渐养成了较强的纪律性特征，罗马文化中关于法律部分的文化便是这种纪律性特点的外在体现。

（四）信仰性

罗马最初是一个多神教的国家，居民大多保存着万物有灵的思想，受伊达拉里亚文化和希腊神话的影响，罗马逐渐出现拟人化神像，尽管大多数神祇并非出自罗马，但不可否认的是，罗马人曾虔诚地信仰着掌管各行各业的神祇们。罗马人会为了祭祀所信仰的神祇而专门建造神庙并制定相应的节日庆典和仪礼规定，罗马的当权者甚至会供养一些祭司团体，每当罗马发生重大事件时，都会由这些祭司团体来求神问卜，预测吉凶。在罗马进入帝国时期后，基督教逐渐兴起并成为罗马的国教，大多数罗马人从以前信仰多神转而信仰基督教，罗马对多神的崇拜现象才有所减少。纵观整个罗马发展史，宗教文化始终对整个罗马文化的发展有着潜移默化的影响，使其文化呈现出信仰性的典型特点。

（五）融合性

公元前 2 世纪，在征服希腊后，罗马人结合自己的民族特点、政治制度、国家经济的实际情况，有选择性地融合了古希腊的文化传统。从哲学方面看，罗马对古希腊的各学派哲学思想多采取兼容态度，并重视希腊文化中的伦理和治国之道；从宗教方面看，罗马在本族宗教传统的基础上，接受并融合了希腊宗教中神人同形同性论；从政治体制方面看，罗马在未征服希腊前便吸收了古希腊小国寡民的城邦体制，并以城邦起家，后来随着罗马版图的扩张与经济实力的增长，罗马才逐渐发展成拥有混合宪法的共和体制及后期结合了发达法律体系的君主专制制度。可以说，古代罗马文化之所以能够成为欧洲文化史上拥有承前启后地位的优秀文化，很大一部分原因也得益于罗马文化中这种潜在的融合性特征。

知识小结 · · · · · · · · · ● ●

在形似皮靴、环境适宜的意大利半岛上，罗马以小国寡民制的城邦起家，逐渐发展成统治整个地中海的大帝国。在吸收借鉴伊达拉里亚文化与古希腊文化的基础上，勤劳朴实、聪敏好学、开拓进取的罗马人民创造了独具特色的罗马文化，其是西方文明的重要源头之一。

我们能够从罗马文化中发现其务实性、开拓性、纪律性、信仰性及融合性这些较为典型的罗马文化特征，这对我们深入理解罗马文化在各个领域的成就以及罗马文化与世界文化之间的关系大有裨益。

第二节　拉丁文字与哲学

生命力顽强的拉丁文字是如何演变发展起来的？罗马文化的发展同拉丁文字的使用与普及有何种关系？罗马哲学又是怎样获得了"思想大熔炉"的光荣称号？这一切都值得我们仔细思索并深入探究。

一、拉丁文字的产生与发展

拉丁文字起初是由生活在台伯河畔拉丁姆平原上的拉丁族人创造出来的，是一种字母类文字，是世界上应用最为广泛的文字体系。

关于拉丁字母表的产生，学界往往众说纷纭。其中最具代表性的一类说法是，拉丁字母表是从伊达拉里亚字母表（希腊字母分支）演变而成的，其源头甚至能追溯至公元前 12 世纪在叙利亚与巴勒斯坦这两个国家通用的北闪米特字母。在公元前 9 世纪或 8 世纪初，伊达拉里亚字母就被创造出来并在意大利中部地区的托斯卡纳人中广泛通用，甚至传有许多铭文，但可惜的是绝大部分铭文至今尚未被成功释义。

拉丁字母体系始祖——腓尼基文字

腓尼基文字的出现对整个世界文化发展史具有极其重要的作用。据悉，公元前 10 世纪—公元前 8 世纪，腓尼基文字就被希腊人与伊达拉里亚人所借鉴使用，希腊人还为其加上元音，使其发展成为古希腊当时的字母文字。

后来，古希腊字母文字逐渐传入意大利半岛，并衍生成了拉丁字母体系，现代欧洲各国大部分的字母文字，都是在拉丁字母体系的基础上演变与发展起来的，正因如此，腓尼基文字也常被人们称为"拉丁字母体系的始祖"。

起初，罗马人从伊达拉里亚的 26 个字母表中选取了 21 个字母作为自己国家的字母语言，在公元前 1 世纪罗马征服了希腊之后，Y、Z 这两个字母被借鉴吸收进拉丁字母表，中世纪时期，J、V 两个字母又被发明创造出来，用来代替此前具有双重功能的字母 I、U，后来罗曼语中的字母 W 也被加进拉丁字母表中，形成了同现代英语字母相近的拥有 26 个字母的拉丁字母表。

根据现有材料来看，在古罗马王政时代，人们已经开始使用拉丁文字，但最初可能只是简单地用来记载有特殊意义的时间、人名及重大事件等，并未形成能够完整表达复杂含义的成篇文字。直至一枚诞生于公元前 7 世纪的斗篷别针"普雷内斯大饰针"的发现，使人们能够暂时判断最早应用拉丁字母撰写铭文的时间大约在公元前 7 世纪。此外，《十二铜表法》也是用拉丁文撰写而成的，可见在公元前 5 世纪，拉丁文便在罗马得到了较为广泛的应用。随着罗马进入帝国时期及对其他民族统治的加强，拉丁语传播迅速，并逐渐成为当时地中海周遭地区最为主要的语言。

古罗马时期，拉丁字母曾有两种书写体，即"大写体"与"草写体"。大写体主要用来抄写书卷，草写体则多用于法律与商业，后期这两种手写体分别衍生成现在的印刷楷体与斜体字母。在写法上，拉丁字母在继承了希腊文形体优势的基础上进一步发展，呈现出简洁明确、美观匀称及拼音清晰等书写特点，便于人们阅读与连写，具有较强的实用性与适应性。中世纪以后，拉丁字母表迅速被罗曼语族、日耳曼语族、斯拉夫语族中的各国语言承袭，而随着基督教的传播与殖民扩张，西欧地区、美洲、大洋洲以及绝大部分非洲地区人民也开始广泛使用拉丁字母，拉丁文也正是在这样的情况下逐渐成为一种国际性的书面语言。

拉丁文与拉丁语不仅是古代欧洲各国的国际性文字和通用语言，还是现代医药学与生物学中极为重要的语言工具，在医学界，人们甚至会用正规的拉丁文书写的处方进行国际交流，大量拉丁科学术语与拉丁字母缩写被广泛而普遍地应用在自然科学及社会科学等重要学科。此外，当今世界使用拉丁语的人口数量将近 4 亿，甚至连世界语字母大多是参照拉丁字母制定的，可见即便在人类进入 21 世纪的今天，这一有着悠久历史的古老文字仍然显示出它顽强的生命力，并发挥着它特有的价值。

二、古罗马哲学

古罗马哲学在吸收与借鉴希腊哲学的基础上，逐渐形成了独属于罗马特色的哲学思想体系，不仅奠定了西方哲学和文化的优秀传统，至今对整个西方哲学的演进与发展仍然发挥着深刻的影响。

（一）卢克莱修与《物性论》

卢克莱修是罗马共和国末期的著名哲学家代表之一。他继承并发展了古希腊盛行的唯物思想，认为"无物能从无中生，无物能归于无"[①]，他不仅详细地阐述了伊壁鸠鲁学派关于原子论的自然哲学与伦理宗旨，还十分严肃地批判宗教，坚决反对"神创论"，积极宣扬"无神论"，并在此基础上进一步阐释关于社会进化与社会契约的思想，在他的努力下，伊壁鸠鲁主义在罗马文明中得到了较为广泛的宣传，其无神论思想甚至一度成为当时新传入罗马的基督教思想的主要对手。

卢克莱修创作的拉丁文哲学诗篇《物性论》（6 卷本），是唯一得到完整保存的伊壁鸠鲁学派著作。这部哲学长诗共计 7000 余行，除了阐释伊壁鸠鲁学派哲学思想以外，该作品还结合当时的历史背景，表达了反宗教、反神灵、反暴力战争与蒙昧主义，以及追求幸福和平、文明、进步的政治思想。

---

① 杜艳丽．再现世界历史．古罗马文化［M］．济南：山东科学技术出版社，2017：21.

伊壁鸠鲁学派

古希腊哲学家伊壁鸠鲁（公元前 341 年—公元前 270 年）创立了伊壁鸠鲁哲学派系，主张用科学准则与原子论物理学来理解世界，倡导个人的心灵自由与社会和谐的新伦理，这种思想在当时得到了知识分子与平民的普遍认可与欢迎。

伊壁鸠鲁学派一直延续传承至罗马帝国时期，该学派倡导的"无神论"思想对罗马的哲学界产生了极大的影响。在晚期罗马哲学中，只有伊壁鸠鲁学派能以"原子论"和"无神论"学说公然驳斥世界的宗教，这也为后来西方各国科学启蒙工作的展开和无神论思想的广泛传播奠定了坚实的基础。

（二）斯多葛派哲学

斯多葛派哲学的发展大致可分为早、中、晚三个时期，中期的斯多葛学派在公元前 2 世纪中叶传入罗马，得到了罗马当权者西庇阿的大力支持，这一时期该派的主要代表人物有巴内修斯、西塞罗等。

该派反对伊壁鸠鲁派哲学及怀疑论哲学，倡导自然哲学的伦理性目的，更加重视伦理学的实践性特点，倡导囊括罗马贵族与平民的德性论及自然理性的生活方式。其中，该派典型代表人物西塞罗尝试用斯多葛学派的思想阐述罗马应当建立的日常生活秩序、法制理论、伦理道德及政治体制等，表现出了中期斯多葛学派哲学重要的实践性特色。

帝国后期的斯多葛学派日趋主流，体现了罗马帝国晚期的基本文化精神，代表人物主要有塞涅卡、爱比克泰德及马可·奥勒留。这一时期的斯多葛学派除了保留原来主张的"理性主宰万物说""天命论""理性情感相融合的灵魂说"之外，还在罗马帝国的社会背景下发展出了新特点。例如，斯多葛学派关于伦理研究的最终目的是为罗马帝制的稳固提供法制上的伦理根据，并帮助罗马君主确立伦理道德秩序，该派也因此被当时的罗马帝国奉为主流的官方哲学，并得到了当时罗马贵族与平民等各阶层人士的广泛认可与支持。

（三）新柏拉图主义

新柏拉图主义诞生于罗马文明的危机时期，也是古罗马哲学中的最后一个哲学体系。新柏拉图主义信奉古希腊的柏拉图哲学，并适度综合了罗马晚期的诸家哲学思想，它通过哲学与宗教融合的方式，推动了罗马文明向西欧中世纪文明的重要思想转折。

新柏拉图主义的两位典型代表人物是斐洛和普罗提诺。前者早在 1 世纪的中后期，就曾致力于用古希腊哲学来解释当时犹太教的圣经《旧约全书》，形成了一种专属于犹太教的哲学神学思想。斐洛在解经的过程中大量借鉴古希腊哲学，如柏拉图哲学、斯多葛学派中期哲学以及亚里士多德哲学等，使其哲学思想初步具备了新柏拉图主义的思想雏形，斐洛也因此被称为新柏拉图主义的思想先驱。

公元前 3 世纪，罗马帝国日渐衰微，普罗提诺正式创立了新柏拉图主义，他以极端形而上学的思辨精神提高了柏拉图的哲学理念论和理性神思想，提出"人神合一"的哲学宗旨，为后来罗马哲学与宗教神学思想的融合奠定了坚实的基础，他也因此被世人称为"新柏拉图主义之父"。

哲学作为一种抽象性的理论思维，可谓是一个民族迈入文明社会后的重要产物，每个时代产生的哲学，都能够在一定程度上反映那个时代的社会现实和精神生活，正因如此，关于罗马的哲学成就，才更加值得我们去不断地探索与思考。

知识小结

拉丁文字的产生与发展不仅促进了罗马文化的广泛传播，还以其顽强的生命力成为古代欧洲各国的国际性文字和通用语言；伊壁鸠鲁学派、斯多葛学派以及新柏拉图主义哲学派系的传承与发展不仅反映了罗马的社会现实与精神文明，还进一步丰富了西方的哲学体系，对后来西方哲学的发展产生了极为深远的影响。

了解拉丁文字的演变过程与罗马哲学的派系及代表人物，能帮助我们掌握罗马文化的主要成就，进一步理解古罗马文明与世界文化之间的关系。

第三节　法学、文学与史学

在罗马文化发展的过程中，罗马的法学、文学与史学并不是凭空产生的，而是在总结前人探索经验与成就的基础上逐步发展起来的，了解罗马的法学、文学与史学的发展史，能帮助我们更好地理解罗马法的深远影响，掌握罗马文学与史学的文化特色和杰出成就。

一、罗马法

罗马法一般泛指古罗马世界产生与发展的整个法律体系，即从公元前753年罗马建国起，至公元前529年最完备的法典《查士丁尼法典》的完成为止，其间诞生于罗马的所有法律都可称作罗马法。罗马法的形成大致可以分为四个时期。

第一时期（公元前8世纪—公元前3世纪），即从罗马建城至罗马共和国建立初期为止，是习惯法向罗马成文法发展时期。这个时期诞生了古罗马的第一部成文法《十二铜表法》，也是世界法律史上有着极高价值的早期法典。

第二时期（公元前 3 世纪—公元前 27 年）是"罗马市民法"与"罗马万民法"统一与发展的时期。生活在这个时期的罗马人只有拥有罗马公民权才能够得到法律的庇护，这种法律就被称作"罗马市民法"或"罗马公民法"。

第三时期（公元前 27 年—公元 3 世纪），即罗马帝国建立与发展时期，这个时期是罗马法高度发展的时期，被人们称为"罗马法古典时代"。在奥古斯丁统治罗马帝国后，罗马的法学家获得了一项特权，即公开解释罗马法律的特权。在此期间，罗马出现了五位著名的法学家，被人们称为"法学五杰"，即盖尤斯、保罗、乌尔比安、帕比尼安以及莫迪斯蒂努斯。公元 426 年，东、西罗马两位皇帝共同在所辖区域颁布《引证法》，明确规定"法学五杰"的著作具备法律效力。

第四时期（3—6 世纪中叶）是罗马的法律编撰时期。这一时期罗马共编写出三部法律著作，即《查士丁尼法典》《查士丁尼法学总论》（别名《法学阶梯》）及《查士丁尼学说汇编》①。

公元 565 年，罗马又编撰了《查士丁尼新律》，直至 12 世纪，以上四部法律著作合称《查士丁尼民法大全》（或译《罗马法大全》《国法大全》），这部法典也被定义为古代体系最完备、对后世影响力最大的罗马法典。

---

① 陈佛松 . 世界文化史概要［M］. 武汉：华中科技大学出版社，2001：88.

《十二铜表法》

公元前449年，罗马贵族制定与公布了罗马最早的成文法，因这个文法被刻于十二块铜表上而得名《十二铜表法》。

《十二铜表法》虽然大部分是依据旧有习惯法而制定的，在根本上依然是维护当时贵族阶级利益的法律，但是它对罗马奴隶主的私有制、继承制、家长制、债务纠纷以及罗马刑法、维权诉讼程序等方面都进行了相应的规定，一定程度上限制了当时贵族法官随意解释法律的权利。

二、罗马文学与史学

（一）罗马的文学

罗马在模仿与借鉴古希腊文学后，逐渐形成了具有特色的罗马文学。公元前3世纪—公元前2世纪，罗马文学从萌芽开始走向成熟，这一时期罗马文学的主要成就大多集中在诗歌与戏剧这两个方面，典型代表人物主要有安德罗尼库斯和普劳图斯。

安德罗尼库斯被称作"罗马第一位诗人"，他首次将《荷马史诗》里的《奥德赛》转译为拉丁文，使这本著名的史诗走进罗马学校，成为学校里的教学课本。普劳图斯是古罗马知名的戏剧家，擅长写作喜剧，其作品对近代西方的喜剧发展产生了深刻的影响，例如《孪生兄弟》是近代英国著名戏剧家莎士比亚《错误的喜剧》这部作品的题材来源，他的《一坛黄金》也成为莫里哀创作《悭吝人》这部作品的重要素材。

从共和国晚期至帝国初期，罗马文学迎来了文学史上的"黄金时代"，这一时期出现了三位极为著名且影响力较大的诗人，即维吉尔、贺拉斯和奥维德。

维吉尔的两部著名作品《牧歌》与《农事诗》以真实细腻的笔触生动形象地描绘了意大利优美的田园风光与当地农民愉快自在的生活情景。他最重要的文学作品是晚年创作的《埃涅阿斯纪》，这是一部长篇史诗，共 12 卷，其主题是通过叙述国家命运，歌颂恺撒大帝与屋大维等祖先的功绩，史诗在人物塑造、结构安排、节奏韵律以及情节开展等方面都极具特色，维吉尔也因此在一定程度上影响了欧洲诗歌的发展，文艺复兴时期的伟大诗人但丁就曾将维吉尔写入自己的作品《神曲》之中，并将其塑造成自己的导师，由他带领自己在《神曲》中游历了地狱与炼狱。

贺拉斯的作品以抒情诗和讽刺诗为主，如《颂歌集》《长短句集》《闲谈集》等，他的诗歌理论著作《诗艺》对西方文学理论的发展起到了十分重要的推动作用。

奥维德是一位擅于写爱情诗的罗马诗人，他的代表作《变形记》不仅是一部优秀长诗作品，更是古代神话的宝库，这种寓爱情于神话故事之中的文学写作模式纷纷被后世文学家们借鉴与大胆模仿。

（二）罗马的史学

罗马的史学主要是在古希腊史学的影响下逐渐发展起来的，随着罗马帝国的扩张，罗马的史学家层出不穷，这些史学家们创作了一批又一批优秀的史学著作，也促进罗马史学走向一条更加繁荣的发展之路。

公元前 254 年，罗马诞生了第一位历史学家——费边·毕克托，他用古希腊文编写了《罗马史》，主要叙述了罗马从神话时期至公元前 3 世纪末这段时间的历史。随后，罗马的史学界又出现了一位真正的奠基者——老加图，他曾经在罗马任职过执政官与监察官，他用拉丁文编写了《罗马历史源流》（又称《创始记》），主要描述了意大利半岛上各城邦国家的历史起源及两次布匿战争等。

此外，在罗马共和国末期，罗马又出现了一位优秀的历史学家——恺撒，他不仅是一名历史学家，还是当时罗马共和国政坛上的风云人物。恺撒在其著作《高卢战记》与《内战记》中详细地记载了自己征服高卢地区和打败庞培、赢得内战的过程，为后世留下了宝贵的历史资料。

在罗马进入帝国时期后，其国内优秀的历史学家频出，其中最具代表性的是李维和塔西佗。李维是罗马帝国初期最为著名的历史学家之一。他用尽毕生精力编撰了一部规模宏大的史学专著《罗马史》，全书共计 142 卷，主要讲述了罗马从建立城邦起至公元 9 年的罗马帝国期间的历史，这部作品后来也被称作《罗马建城以来的历史》，开创了整个史学撰写的通史体例。

塔西佗是罗马帝国的财务官、执政官及司法官，他撰写的史学代表作品有《历史》《编年史》和《日耳曼尼亚志》等。他极力反对君主专制，提倡共和体制，故在其史学著作中大胆揭露了当时罗马帝国统治时期专制政体的黑暗，甚至描绘了一些帝王的残暴与昏庸形象，给后世以警醒。

此外，在罗马统治之下的希腊地区，也出现了一批杰出的希腊史学家，其中具有代表性的人物及作品有普鲁塔克的《希腊罗马名人传》和阿庇安的《罗马史》等。

知 识 小 结 ●●●●●●●●●

　　罗马自《十二铜表法》颁布以来，一直未曾停下对国家法律探索的脚步，在日趋完善的法制体系下，罗马逐步实现了版图的扩张与国家的发展。随着时代更迭，在借鉴与吸收古希腊文化的基础上，罗马文学与罗马史学也得到了长足的发展，出现了一系列具有代表性的文学家与史学家，更为后世留下了众多著名的文学著作与史学著作，也正是这笔宝贵的财富，对西方乃至整个世界的文学界与史学界都产生了颇为深远的影响。

第四节　艺术与建筑

古罗马的艺术与建筑历来被人们所称颂，师承希腊的古罗马艺术丰富多彩、特色十足，在世界艺术史上占据了承前启后的重要地位，而在罗马征服希腊后，本就出色的古罗马建筑在种类和规模上又实现了更进一步的发展，变得更加融会贯通、独具特色。

一、古罗马艺术

古罗马的艺术绝大部分是师承希腊的，其中最突出的包括雕刻艺术和绘画艺术。

在雕刻艺术上，罗马在共和初期聘请了当时伊达拉里亚的工匠制作了一尊《青铜母狼雕像》，栩栩如生地反映了母狼哺育罗马建城者罗慕洛兄弟的传说，后来这尊雕像被定为罗马城徽，也逐渐成为罗马奋发图强的民族精神的重要象征。

在罗马共和国时期，随着罗马的日渐强盛和统治版图的逐步扩张，罗马人将古希腊与其他东部地区的雕刻作品运回罗马，并将各民族雕刻家召进罗马为其雕刻作品，其中希腊雕刻家占多数。罗马人通过吸收古希腊雕塑家长于塑造人物形象的优点，创造了一系列包含罗马民族特色的罗马浮雕作品，体现了罗马人坚定不移的写实主义精神。例如，多密图斯·埃诺巴尔布斯祭台浮雕（创作于公元前2世纪），它通过刻画罗马公民应征入伍的一系列详细细节，反映出了罗马人特有的严肃与认真。此外，雕刻于凯旋门与纪功柱上的浮雕作品也精美绝伦，栩栩如生，如《图拉真纪功柱》是由近2500个人物形象组成的浮雕作品，逼真地还原了罗马人远征西亚时那气势恢宏的场面。

青铜母狼雕像

帝国时期，罗马人热衷于为自己和祖先们制作雕像，如《罗马之雄辩家》《恺撒像》《奥古斯都像》《马克·奥里略骑马铜像》等。

183

其中以《奥古斯都像》最具代表性，它以精雕细刻的艺术方式将奥古斯都的英勇形象进行美化，从而进一步歌颂了奥古斯都的功德与英勇事迹。

在绘画艺术上，罗马在不同时期产生了不同种类的绘画作品，在伊达拉里亚人统治时期，古罗马的绘画作品以墓室壁画为主，人们可以借助这些墓室壁画，了解当时意大利半岛上人们的社会生活。1世纪，随着罗马建筑事业的蓬勃发展，罗马壁画随之兴盛，从现有的庞贝城考古资料来看，当时的罗马壁画大多以山林、大海等自然风景，以及具有神话性的景物为主要题材。在基督教逐渐成为罗马国教后，具有较强平面性特点的镶嵌画开始成为当时基督教的典型装饰，并逐渐取代了罗马壁画的室内装饰地位，其中最具代表性的是镶嵌画作品《伊苏斯之战》，将工艺技巧和绘画技术完美地融合在一起，在内容上淋漓尽致地呈现了马其顿王国与波斯帝国之间的激烈战斗。

镶嵌壁画《伊苏斯之战》

　　随着罗马社会经济的进步，各种艺术形式逐渐繁荣，罗马雕刻绘画开始向实用美术转变，各种雕镂式的金银酒杯、精致的罗马织物、晶莹剔透的无价玉石以及镶金样式的玻璃器皿等极富美感的实物用品共同装饰着罗马富人的宅邸。

罗马《庞贝壁画》的四种风格

　　公元79年，维苏威火山爆发后的岩浆掩埋了被罗马征服的庞贝古城，使得古城中宝贵的庞贝壁画得以完整保存下来。18世纪中叶，经过人们的考古发掘，庞贝壁画才终于得以重见天日。19世纪末，学术界根据时间先后顺序把庞贝壁画划分为四种风格。

　　第一种：镶嵌风格（又叫贴面风格）。这种风格的壁画常出现在当时贵族宅邸之中，从严格意义上说，这种风格更倾向于墙面装饰，色彩大多以暗红、白色、黑色及黄色为主，重点突出色调上的单纯及强烈。

　　第二种：建筑风格。这种风格主要是在墙面上绘制如房屋、装饰墙柱、山峦、花鸟树木及原野等图案，给人营造一种虚拟美丽的幻视空间，以达到丰富室内装饰的目的。

第三种：装饰风格。这是一种融合了冷静与华贵又不失清雅精致的贵族风格，利用装饰风格创作的绘画作品，能够使墙垣更具平面性，这种风格的壁画内容一般以神话故事或山水风景为主，给人以梦幻般的神奇效果。

第四种：综合风格。这种风格集贴面、建筑与装饰风格于一身，不仅能表现出建筑风格的开阔，还能兼具装饰风格的清新与雅致，既古典庄重又不失豪华与激情，常被人称作"庞贝的巴洛克式风格"，代表性作品主要有"维蒂家宅中的壁画"。

二、古罗马建筑

罗马人在吸收其他民族优秀的建筑成果的基础上，融会贯通并推陈出新，创造了世界建筑史上卓越辉煌的罗马建筑艺术作品，如庄严的罗马庙宇、巍峨宏伟的皇家宫殿、规模宏大的罗马剧场与竞技场、四通八达的罗马大路、设备齐全的精致浴室、引人称赞的引水沟渠、举世闻名的凯旋门和纪功柱等。

罗马建筑注重成果的实用价值，讲究建筑的整体规划，致力于展现建筑物气势恢宏、华丽壮观的特点。在结构设计、空间创造及建筑类型的多样化与丰富性等方面，罗马建筑水平均超越了当时古希腊的建筑水平，形成了独特的罗马建筑风格。罗马的建筑成就涉及范围较为广泛，其中最为辉煌的建筑成就主要表现在宗教神庙、公共设施及纪念性建筑这几个方面。

在宗教神庙方面，罗马最为著名的宗教神庙建筑就是万神殿，它被称作古代穹顶建筑的光辉典范。万神殿建于公元前 27 年，并于公元 120 年得到重建。万神殿门廊正面主要由科林斯式石柱作支撑，正殿为罗马式穹顶及圆形风格大厅，大厅直径和高度均达到43 米，穹顶的正中间开凿了一个直径约 8 米的圆洞，既保证了大厅的采光，又可以使身在穹顶之下的人们随时抬头看到罗马美丽的天空。

万神殿

公共设施主要包括罗马剧场、罗马竞技场、高架引水渠、罗马"大道"以及公共浴场等。其中，科洛西姆竞技场（俗称"圆形大剧场"）是古代世界建筑史上最宏伟的建筑之一，这座建筑呈椭圆形，高为48米，共分四层，最下边的三层主要采用拱式结构设计，第四层采用罗马人较为喜爱的方式椅柱，使整个剧场建筑给人一种舒适、牢固、稳定的感觉。此外，大剧场的内部座位可分为三层，总计容纳量约为五万名观众，竞技场中心为一块椭圆形空旷场地，这是供角斗士表演的地方，场地之中有时也可灌满水供角斗士进行水战表演。

科洛西姆竞技场

罗马具有纪念性意义的特色建筑主要包括凯旋门与纪功柱，这些建筑大多是为了纪念罗马皇帝的丰功伟绩。其中，现存最古老的罗马凯旋门是位于罗马广场东南方向的提图斯凯旋门。罗马最具代表性的纪功柱为图拉真纪功柱，其柱身高总计 35.27 米，底径为 3.70 米，柱身上还雕刻着长达 200 米左右的雕带，柱头上矗立着图拉真全身铜像，远远望去，极其壮观。

知 识 小 结

罗马的艺术与建筑是罗马文化中极为耀眼的存在，它们具有种类丰富、特色十足、美观大方、实用性强的宝贵优点。尽管罗马的雕刻与绘画艺术师承希腊，罗马的建筑也吸取了西方各族建筑的优势，但这并不影响罗马对自己国家艺术作品与建筑成就的创新和改进，罗马的艺术与建筑成就也正是在罗马人不断学习、探索与创新的过程中逐步走向卓越、迈向辉煌。

第五节　科学技术

罗马的科学技术是在总结多年生产经验，并吸收地中海各民族科学技术成就的基础上逐步发展起来的。罗马人历来具有的务实性的民族特点，使得罗马在与人们生产生活密切相关的科学技术上取得了极大的成就，如农业技术、医学技术、手工业技术以及工程技术等。

随着罗马综合国力的迅速提升与版图的不断扩张，罗马在征服希腊和埃及等国家后，将其先进的科学技术成果进行了融合与总结，使得罗马天文学、医学以及地理学等方面发展成为承接古代科学与近代科学之间的重要桥梁。

在农业方面，罗马诞生了不少著名的农学著作，如农学家老加图创作的《农业志》、瓦罗创作的《论农业》以及科路美拉创作的《农业论》。这三部农学著作不仅阐述了罗马农业生产技术及农业经营管理方法，还论及了农业与社会经济之间的关系，为后世农学家研究公元前 2 世纪—公元前 1 世纪期间的罗马社会提供了极为宝贵的研究资料。

在生产技术方面，罗马帝国管辖下的希腊与意大利地区发明了用 2—4 头牛牵引的带轮重犁，这种犁有着翻土深、犁地快的优点，深得当地农民喜爱。高卢地区甚至出现了可蓄力收割机，以便于人们更迅速地进行农业收割。公元前 1 世纪，小亚细亚的水磨开始传入西方并被人们普遍推广，农业种植也开始以轮作制为主，农民甚至会在土地中播种豆类作物以恢复土壤的肥力，罗马帝国的农业也因此得到了更加长足的发展。

在医学方面，古罗马的著名医学代表人物是盖伦，其最重要的医学成就是初步提出了人类血液循环理论，该理论在 16 世纪前一度被西方医学界奉为经典。此外，盖伦还大胆实施动物解剖实验，并创作了《解剖过程》及《身体各部分的机能》等医学著作。盖伦也因其生理学、解剖学、药物学以及治疗学等方面的重要贡献而被后人们称为"西方古典医学的集大成者"[1]。

在手工业与工程技术方面，罗马的冶金技术与玻璃制造技术较为发达，玻璃制造技术主要采用吹制法，通过这种技术方法，罗马制造出了大量精美实用的玻璃。此外，罗马还培养了许多杰出的工程师，如赫伦，他不仅创作了工程技术专著，还发明了滑轮系统、起重机、计程器、鼓风机以及照准仪等工程实用器械。在奥古斯都时期，罗马还诞生了一位优秀的建筑学家维特鲁威，他在《建筑十书》这一专著中，不仅明确了建筑学的理论系统，还记载了大量实用性工程机械装置和建筑技术，对后世工程技术的发展做出了重要贡献。

在天文学与地理学方面，罗马统治下的埃及地区出现了一位集大成者——托勒密，其代表著作有《天文学大全》和《地理志》等。

① 张明，于井尧. 世界文化史 [M]. 长春：吉林音像出版社，2006：72.

托勒密的《天文学大全》

《天文学大全》是托勒密极为重要的一部天文学巨著，作品论述了太阳、月亮、地球以及其他宇宙行星的运动规律，并归纳了1022个宇宙恒星的位置表和每个恒星的亮度，不仅介绍了当时天文仪器的制造和使用方式，还详尽地阐述了推算日食、月食、历法演算以及行星位置确定的方法。

此外，托勒密还在这部著作中提出了"地心说"，直至16世纪，"地心说"才被哥白尼的"日心说"所取代。由于《天文学大全》这部著作融合了埃及、巴比伦及古希腊天文学的重要成就，充分体现了古典时代用几何系统阐释天地构成与天体运动规律的特点，因此其作者托勒密也被后人称为古罗马天文学的集大成者。

罗马共和国时期出现了一位对后世有着巨大影响的地理学家斯特拉波，他编写的《地理志》一书，不仅涵盖了欧、亚、非三洲的基本地理情况，还全面详细地描绘了当时地理学家已知的世界，被称作罗马共和时期内容涵盖最为全面的一部地理学著作。

此外，罗马在综合研究方面还出现了一位卓越的科学家——普林尼，他的著作《自然史》涵盖了天文学、动植物学、农学、冶金学、地理学及医学等古代自然科学的多方面内容，为后世科学史研究留下了宝贵的资料，被后人称作"百科全书式的科学巨著"。

知识小结 ·········

罗马科学技术的辉煌成就不仅得益于罗马综合实力的提升与版图的扩张，更得益于罗马人朴素务实的民族特点。罗马在农学、医学、工程技术、手工技术、天文学、地理学以及综合科学等各个方面都涌现了一批又一批杰出的科学家，这些科学家在融合前人科技成果的基础上，逐步开拓创新，不仅实现了"条条大路通罗马"的梦想，更使得整个罗马的科学技术进一步迈向了既实用又先进的科学领域，甚至一度成为维系古代与现代科学的重要纽带。

第六节　宗教神话

罗马帝国时期风靡全国的基督教并非在一开始就被视作罗马的国教，而是在经历了一段曲折坎坷的发展历程后才逐步得到成长并最终取得至高无上的地位。罗马的神话体系也并非在罗马诞生之初就足够丰富详尽，而是在征服古希腊以后才逐步走向完善。

一、罗马宗教的发展

当战争被打响，文化得到扩张，原本信奉多神的罗马开始走向了信奉基督教的一神之路，这不仅是一个艰难的过程，更是一种文化的嬗变之旅。

起初，古罗马人秉持着"万物有灵论"思想，不仅信奉着众多神祇，还崇拜一切自然界中令人生畏的力量，如圣火等，甚至会崇拜与信奉自己的祖先，每个古罗马人的家中都会设有祭坛，来专门祭祀圣火或自己的家神，祈求平安。

公元 1 世纪中叶，基督教在罗马管辖下的犹太地区下层群众之中产生并在短时间内传遍了罗马帝国。"基督"一词本是希腊语的中文音译，原义指"救世主"，是当时犹太人民用来反抗罗马帝国统治的群众运动产物，由于反抗罗马统治的人民不断遭受帝国的残酷镇压，人们无法找到解脱的出路，转而将希望寄托于当时的宗教，基督教因此在罗马下层人民之中迅速传播开来。

随着基督教传播范围的逐步扩大，罗马陆续有奴隶主、工商业经营者、富裕农民甚至在统治阶层颇具影响力的人士加入基督教，并在教中取得领导地位，使得基督教逐渐成为当时罗马统治阶级进行阶级统治的重要工具。

公元 313 年，君士坦丁大帝颁布并实施了"米兰敕令"，承认了基督教在罗马的合法地位，到了帝国后期，基督教摆脱了最初被压迫的宗教性质，彻底蜕变为当权者的思想统治工具，罗马也因此变成信奉基督教的一神教国家。

二、罗马神话

古罗马人同其他民族一样，起初相信社会上存在的每个物体与身边发生的一切现象都是神祇掌管的结果，并且每个生活在罗马的家庭对其房屋保卫者拉里斯家神和生活守护者彭那特斯神都十分崇拜，特别是女神维斯塔，罗马人认为她能对一个家庭的福祸产生极大的影响，因此在维斯塔神庙中，终年都有女祭司负责看管祭坛上供奉的灯火，确保其永不熄灭，若祭坛上的灯火突然熄灭，古罗马人便会将其视为不祥之兆，有时甚至会引起罗马人的恐慌。此外，古罗马人还认为维斯塔的工作是保证火种的燃烧；朱庇特主宰着自然界中的太阳与雨水；玛尔斯神能促使植物在春天里恢复生机，带来希望。

随着罗马版图的扩张，希腊文化在罗马得到了极为广泛的传播，罗马神话也因此受到了古希腊神话的影响，罗马人开始大量接纳与吸收希腊神话，将希腊神话中的众多神祇奉为保卫自己国家与生活的神祇，古罗马神话体系也因此得到了更进一步的完善，并逐步发展成为后人津津乐道的古希腊罗马神话体系。

例如，古希腊神话中的天神宙斯被罗马人视为天神朱庇特，他主宰着世间的万物；天后赫拉被视为朱诺，她主要掌管着罗马妇女的姻缘与生育；智慧女神雅典娜被视为密涅瓦；战神阿瑞斯被视为玛尔斯；阿芙洛狄忒被视为维纳斯，主要掌管美与爱情。

知识拓展

阿芙洛狄忒与维纳斯

维纳斯是罗马神话中负责掌管爱与美的神祇，相当于希腊神话中的神祇阿芙洛狄忒，备受人们尊崇。在古希腊神话《伊利亚特》中，描述了希腊爱与美之神阿芙洛狄忒与人类男子相爱并生下埃涅阿斯的故事，而在罗马神话中，维吉尔又在《埃涅阿斯纪》里叙述了埃涅阿斯自特洛伊战争失利后逃到罗马并建立了罗马城邦的故事。罗马人在借鉴希腊神话的过程中，将女神阿芙洛狄忒和维纳斯视作同一个神祇，只是在希腊神话与罗马神话中分别有着不同的名字，罗马人将维纳斯与其子埃涅阿斯信奉为罗马的祖先，并专门在恺撒广场上创建了维纳斯神庙进行祭祀，以表达祈求爱情顺利、家族兴旺等美好愿望。

维纳斯雕像

知 识 小 结 ●●●●●●●●●

　　罗马的宗教与神话体系虽然是在借鉴与吸收其他民族文化的基础上逐步发展起来的，但这并不影响罗马对这些宗教思想与神话体系的推广与传播。随着罗马帝国版图的扩张，罗马不仅从多神教转变成一神教，还使得基督教教义与宗教理念得到了不断扩充，基督教也因此在后世逐渐发展成为世界三大宗教之一。而随着罗马神话体系的日臻完善，整个欧洲的古代神话体系才得以确立并闻名于世。

第七节　生活百态

罗马民族是一个具有开拓性特点的民族，罗马人英勇善战，活泼好动，罗马帝国进入"黄金时期"后，人们在衣食住行等方面发生了很大的改变，在悠闲富裕的社会环境下，罗马各项娱乐和竞技活动也开始得到蓬勃发展，呈现出百花齐放的大好局面。

在服饰方面，罗马人以宽松围裹式长袍为主，由于古罗马早期社会较为落后，人们大多以勤俭节约、务实劳作、艰苦奋斗为荣。男子通过穿"托加（Toga）"来彰显自己的公民权利，哲学家以蓝袍为主，医生以绿袍为主，贵族以红色系和白色系长袍为主，平民则多以灰褐色系长袍为主。

在饮食方面，罗马人早期只追求果腹，直至帝国时期，随着版图的扩大和经济财富的不断积聚，奢靡之风悄然盛行，尽管罗马人的早餐和午餐较为简单，但晚餐却日益丰盛，甚至一度成为有钱人炫耀财富的手段。

在住宿方面，由于罗马社会阶级分化较为明显，各阶层的住宿条件差距颇大，穷人大多住在破旧小屋，一般人住在较为杂乱的公寓，富人住在独栋大宅甚至乡间别墅。典型的罗马住宅通常都会有中庭、回廊、花园、喷泉等设计，既古典美丽又不失优雅。

在交通方面，罗马大道遍布国内，在 1—2 世纪时期，罗马的交通运输网达到顶峰，其中著名大道包括阿皮亚大道、罗马拉丁大道以及瓦莱利大道等，呈现出"条条大路通罗马"的壮观景象①。

此外，罗马还有一些文雅娱乐活动和民间游戏活动，前者有吟诵诗歌、戏剧演出、音乐聚会、外出郊游等，后者则包括三角球、摩尔纳、捉迷藏、学国王等，这极大地充实、丰富了罗马大众的日常生活，更使得当时的罗马文化得到了进一步的完善与繁荣。

知识拓展

"三角球"与"摩尔纳"

"三角球"与"摩尔纳"是当时罗马大众中极为流行的娱乐游戏。

在玩"三角球"时，三位参与者站成三角形，将任一方向的来球投向另一端并保持连贯，优秀的球手被要求只允许用左手进行接球与投球动作。

"摩尔纳"游戏类似于我们今日所说的"猜拳游戏"，参与者对面而立，在同一时刻伸出与收回右手，其间可以变换伸出手指的数量，双方在出手的瞬间必须喊出自己预估的二人手指总数，哪方先猜中五次就算哪方取得游戏的胜利。

---

① 杜艳丽.再现世界历史.古罗马文化［M］.济南：山东科学技术出版社，2017：80.

在竞技方面，罗马最具代表性的活动主要有运动会、赛车与角斗，运动会最初由古希腊创办，每四年举办一届，也被称作"奥林匹克运动会"，在罗马征服希腊后，此项竞技传统被保留下来，并深受罗马统治者和罗马大众的喜爱。赛车也是罗马竞技类比赛中的重头戏，帝国时期，罗马境内为了赛车比赛特设有白、绿、红、蓝四色赛车俱乐部，富人们会将财富压在训练有素的赛马战车上做赌注，以供娱乐和消遣。

角斗竞技的参与者大多是罗马犯人或地位低下的奴隶，角斗竞技的方式分两种，其一是野兽同角斗士之间的搏斗，其二是角斗士与角斗士之间的搏斗，搏斗者被允许使用武器相互搏斗。尽管这项竞技在当时遭到一些罗马人的反对，但依然没有被罗马帝国彻底取缔，这也在一定程度上反映了罗马帝国后期专制统治的残忍与暴虐，从而间接成为罗马走向灭亡的影响因素之一。

知识小结

罗马的生活百态与罗马的政治经济有着不可分割的关系，古罗马建立之初，社会经济落后，人们的衣食住行简单而朴素，娱乐活动单纯而美好。随着罗马经济实力的提升和政治体制的改变，人们的衣食住行发生了巨大的改变，日常的娱乐活动也渐趋丰富，花样百出，人们也正是在稳定富裕的经济环境下，创造了罗马文化中多样的生活文化。

回顾与延伸

　　古罗马文化是西方文化的重要组成部分，对欧洲文化和世界文化影响深远，在西方文化体系中熠熠生辉。

　　意大利半岛自然地理位置优越，利于发展农牧业以及航海与对外贸易，在自身政治经济发展的基础上，通过广泛吸收、借鉴、融合周边文化，一个庞大的罗马帝国高高屹立在世界的西方。

　　卢克莱修的拉丁文哲学诗篇《物性论》、维吉尔的长篇史诗《埃涅阿斯纪》、赫赫有名的青铜母狼雕像、万神殿和科洛西姆竞技场，以及罗马法的创建与发展等，这些都是古罗马文化的典型代表，是古罗马文化发展的成果。

　　创造、交流、借鉴、创新，从来都是促进文化发展的重要驱动力，而且是宝贵的内驱力，这告诉世人，在任何时候都不能闭门造车，应给予文化自由和广阔的发展环境。

第七章 中世纪欧洲文化

中世纪始于西罗马帝国的衰落，终于东罗马帝国的灭亡（476—1453 年）①。这段时期，在欧洲历史上颇具争议，它曾被称为"黑暗时代"，展现了欧洲的封建社会形态，但也在建筑、文学、艺术等领域取得了一定的成就，并被视为文艺复兴的萌芽，奠定了近代科学的基础，对西方文明起到了承上启下的作用，在欧洲历史上影响深远。

---

① 包哲石．从中世纪欧洲文明到近现代西方权力制衡体系［J］．黑龙江史志，2014（17）：139.

【文化要点】

✿ 理解中世纪文化诞生的背景及其主要特点。

✿ 了解中世纪文化的主要成就。

✿ 了解拜占庭文化在西方文化史上的地位及作用。

第一节　中世纪欧洲文化的兴衰

　　日耳曼蛮族入侵结束了西罗马帝国的奴隶制统治，揭开了西欧封建社会的序幕。连年征战破坏了社会经济的发展、神权统治的盛行带来了文化的落寞与衰败，相比于熠熠生辉的罗马帝国时代与文艺复兴时代，这段长达千年的中世纪文明虽然黯然失色，但也因东西方多种文化的融合，为欧洲文化的变革跃迁孕育出了新的生机。

一、中世纪初期

　　中世纪之初，还处于氏族社会阶段的日耳曼人入侵西罗马，将庞大的罗马帝国夷为废墟，连年的战乱破坏了大量古希腊与古罗马时期的文物、典籍。

　　随着封建采邑制度的推行，王权被逐层弱化瓦解，贵族之间因为利益纠葛战乱不断，人民生活穷困潦倒，开始寄希望于上帝。主张禁欲主义、逆来顺受的基督教，一方面给信徒们带来了精神慰藉，另一方面因有助于维护封建统治而受到国王及贵族的拥护，因此日渐盛行并占据了主导地位。

　　基督教神学几乎影响了包括文学、艺术、音乐在内的一切艺术形式。[①] 在基督教的影响下，中世纪初期的艺术文化呈现出明显的宗教色彩，形式单一，且具有排他性，只有少数对基督教有利的古典文化成果保留了下来。欧洲文化陷入了较长时期的低谷，人们称这一时期为"黑暗时代"。

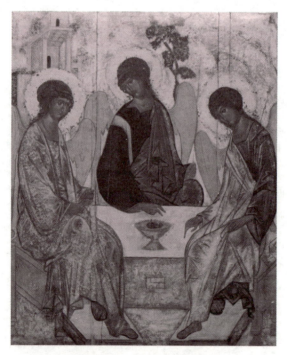

《三圣像》安德烈·卢布廖夫

----

　　① 杨珊珊. 浅析欧洲中世纪文化的功与过［J］. 青春岁月，2013（19）：410.

中世纪时期的艺术特点

西方基督教的兴起，预示着中世纪的开始。在中世纪时期，艺术基本以宗教为主体，注重情感和理念的表达。可以说，所有的艺术均与上帝和交易有关，所有类型的艺术品，如绘画、雕塑等都只能在教堂中存在。

二、中世纪中晚期

11世纪末，西欧教皇为满足统一基督教会的野心、转移不断爆发的各种社会矛盾，打着"解放圣墓"的旗号，发动了对伊斯兰国家的十字军东征。十字军不单由军旅出身的骑士组成，更多的是穷困潦倒的流浪汉或农民等普通百姓。

在东征过程中，十字军们发现事实与教皇所说的并不相符，东方的物质文明也远高于西方。他们惊讶于繁荣的东方文明与其先进的科学技术，不断将华丽、新奇的东方商品带回西欧，阿拉伯的天文学等自然科学也随之传入西欧，封闭已久的西欧大门由此打开，这引起了西欧人对神秘东方的向往与好奇，刺激并带动了西欧手工制造业的发展。

自此，西欧人民对教会的说教从迷信转向怀疑，逐渐脱离僵化腐朽的宗教羁绊，对东方世界产生了浓厚的探索欲望。十字军中的贵族和男爵在东征过程中，由敌视穆斯林的野蛮掠夺者，逐渐转变成被东方文明同化的绅士。

持续了近两个世纪的十字军东征，逐步改变了当时的世界格局，从思想、经济和文化上对西欧产生了重大而深刻的影响。[①] 虽然这场旷日持久的战争最终以失败告终，却在客观上促进了东西方文化的交融，促使欧洲文化呈现出多元化的发展态势。

知识小结

中世纪初期经济停滞，社会动荡，禁欲主义、蒙昧主义猖獗，人民生活贫困穷苦，这一时期基督教神学占据了统治地位，深刻影响了文学、建筑、绘画等艺术形式，因此，中世纪初期的文化成果多呈现形式单一、背离现实、毫无生机的特点。直至 11 世纪末，十字军的东征意外打开了东西方文化交融的大门，至此中世纪文化开始呈现出多元化发展的新态势，为文艺复兴奠定了坚实基础。

---

① 张广智，黄洋，赵立行. 世界文化史（古代卷）[M]. 杭州：浙江人民出版社，1999：440.

第二节　基督教哲学

基督教哲学是中世纪时期的主要哲学学说，是以神为核心，以《圣经》为基础的唯心主义思想体系。它在不同的社会发展阶段呈现出不同的形态，主要以 11 世纪为界，分为教父哲学和经院哲学两个阶段。

一、教父哲学

教父哲学是中世纪基督教哲学的初级形态，起源于公元 2 世纪，由教会中具有哲学素养、被尊称为"教会的父老"（后简称"教父"）的护教者，根据《圣经》并引用古希腊罗马哲学，特别是新柏拉图、斯多亚等学派学说建立而成，因此被称为"教父哲学"。

教父哲学主要利用哲学论证三位一体、创世、原罪、救赎、天国等教义，以取得最高统治者及贵族对基督教传教的理解与支持，是将哲学和神学混为一体的哲学理论。

中世纪时期教父哲学的主要代表人物是波爱修和厄里根纳。波爱修出生于显贵的罗马家庭，代表作有《哲学的慰藉》《波尔费留〈引论〉注释》等，是中世纪早期杰出的思想家。厄里根纳是爱尔兰人，代表作有《论神的预定》《论自然的区分》等。

二、经院哲学

经院哲学意为"学院中人的思想"，诞生于欧洲的基督教教会学院，盛行于11—14世纪，是以论证神学观点为出发点的，以神学为基础和归宿的哲学，是中世纪主要盛行的哲学。

经院哲学家们并不是利用哲学去发现真理，而是将《圣经》与教父们的著作看作真理，再用哲学去论证。他们常年在学院里讲经论道，争论毫无意义的问题。比如，"天上的玫瑰花有没有刺？"[①]

经院哲学的主要代表人物是安瑟尔谟、罗瑟林和托马斯·阿奎那。安瑟尔谟把神学与哲学结合了起来，主要代表作有《独白篇》《宣讲》《关于真理的对话》等，被誉为"最后一个教父和第一个经院哲学家"。罗瑟林主张极端的唯名论，提出了与教会正统教义相悖的"三神论"等理论观点，受到教会的迫害，代表著作也因此被烧毁。托马斯·阿奎那是基督教哲学的集大成者，主要代表作有《神学大全》等，他认为等级之分是上帝的安排，人们必须服从，否则便是有罪，他的理论为封建等级制度加持了神圣的光环。

---

① 杨超，紫都. 世界文化史［M］. 呼和浩特：远方出版社，2005：119.

知 识 小 结 ·············

　　基督教深刻影响了西方哲学及文化发展。中世纪的欧洲，以
"以神为核心，以《圣经》为基础"的基督教哲学为主流哲学学说。
基督教哲学以 11 世纪为界，分为教父哲学和经院哲学两个阶段，
整合了希腊理性精神、罗马法治精神及希伯来宗教精神，为西方哲
学及文化发展做出了特殊贡献。

第三节　文学与史学

一、中世纪欧洲文学

在中世纪欧洲众多文化艺术形式中，中世纪文学显得最为形式多样、特点突出，是西方文学史上最重要的流派之一。中世纪文学主要分为教会文学、英雄史诗、骑士文学和城市文学四种类别。

（一）教会文学

教会文学服务于宗教统治，主要作者为基督教教士，主要体裁包括颂歌、圣经故事、宗教叙事诗、祷告文等，著名的教会文学作品有《圣经》《圣徒列瑞行传》《受难曲》等。教会文学赞美上帝、歌颂圣徒，宣扬禁欲主义和来世主义思想，其目的是从思想领域束缚和控制人民，使人民心甘情愿成为封建社会统治阶级的奴隶。教会文学多以神话故事为载体，以寓意和象征为主要表现手法，更容易被当时愚昧的人民所理解、信服并接受。

（二）英雄史诗

中世纪的英雄史诗往往是在民间流传的爱国英雄的真实事迹的基础上加工改编而成，也经常用于塑造或歌颂贤明君主的光辉形象。在基督教的影响下，英雄们的爱国行为多表现为舍身护教、自我牺牲等。著名的英雄史诗作品有《尼伯龙根之歌》《熙德之歌》《伊戈尔远征记》《罗兰之歌》等。

（三）骑士文学

骑士文学主要分为骑士抒情诗、骑士传奇、骑士小说等，盛行于中世纪时期的欧洲。这一时期的骑士忠君护教、行侠仗义、追求世俗享乐、崇拜爱情、为爱甘愿赴汤蹈火。骑士抒情诗描绘的是骑士之爱，其中最著名的代表作是《破晓歌》，这首诗描绘的是骑士和贵妇人在破晓时分离的情景，它不同于传统文学对爱情含蓄、迂回的表达，文笔大胆、直接，情感热烈，极具感染力，因而在当时颇受欢迎。骑士传奇融合了传说、骑士精神及基督教思想，用散文的形式记叙了骑士们的历险事迹，颇具浪漫主义色彩，代表作有关于亚瑟王和圆桌骑士的故事传奇、查理曼大帝和十二贵族的故事传奇等。

（四）城市文学

城市文学随着城市的复兴而出现，与其他文学形式不同的是，它的素材主要来自民间新兴的市民阶级，其语言诙谐幽默，主题鲜明、针砭时弊。城市文学的出现和发展，标志着人们的思想从由信仰维系转变为理性维系，伴随这一思想转变而来的是各阶级的斗争。① 城市文学的代表作《列那狐传奇》，采取以兽喻人的方法，抨击嘲讽贪婪、虚伪的封建阶级，赞美机智、勇敢的市民，充分迎合了读者心理与当时的时代发展特点。

二、中世纪欧洲史学

受基督教"神本位"思想的影响，中世纪欧洲史学论著在初期成为传教的工具，神话、圣迹、传说大量充斥其中，鲜有对真实史实或历史人物的刻画。这一时期的史学家有格雷戈里、奥古斯丁等。奥古斯丁的《上帝之城》是这一时期史学的典型代表作，该书确立了中世纪历史这一时间观念，维护基督教的神学体系，奠定了中世纪欧洲史学的基调。

直至11世纪，拜占庭的历史学家米哈伊尔·普塞洛斯的出现打破了中世纪编年史的写作体例，其所编著的《编年史》不再盲从于宗教神学，而是开始强调申述事实，翔实记载了自976年至1077年期间拜占庭帝国的政治、军事、宗教、文化等多方面内容。普塞洛斯注重对人物全方位的摹画，读者不仅能从其著作中看到皇室贵族、宗教领袖，更能看到普通平凡的底层百姓，这为后人了解真实的拜占庭历史提供了重要依据。

---

① 赵继红．从《列那狐传奇》看西方中世纪城市文学的特点［J］．艺术科技，2016（8）：207.

知 识 小 结 ••••••••••

　　中世纪文学在西欧文化发展中占据着重要地位，特殊的历史背景使其文学表现更具独特性，其中最具代表性的文学体裁是教会文学、英雄史诗、骑士文学和城市文学；中世纪欧洲的史学基调最初服务于神学，到 11 世纪发展为记载真实的史实，为后世研究中世纪欧洲历史留下了宝贵资料。

第四节 　 艺术与建筑

　　艺术源自生活，是对社会经济发展、生活习俗及思想文化的具象反映。在中世纪的欧洲，宗教神学在政治、文化领域均占据统治地位，艺术成了为宗教神学服务的工具，雕塑和绘画作品往往以圣经故事及人物为题材，建筑艺术也集中体现在教堂建筑美学等方面。

一、绘画与雕塑

　　中世纪的绘画与雕塑主张压抑人性，对人物形象的刻画僵硬呆板，追求烘托上帝的神圣光辉，并不注重描绘人们丰富的内心世界。中世纪的人们普遍认为，现实与美丽的艺术，实际上是诱惑人心的罪恶，形体越美好，色彩越逼真，就越偏离上帝指引的道路。[①] 因此，在这一时期的绘画或雕塑作品中，普遍呈现出色彩灰

---

　　① 　张萌 . 欧洲中世纪艺术 ［J］. 艺术家，2021（10）：42.

暗、比例夸张、透视不科学、人物身材扁平、表情呆滞、姿势生硬的特点。这一时期的代表性艺术作品有《奥托三世福音书》的插图《耶稣为彼得施洗脚礼》、埃森主教堂的圆雕《黄金圣母》等。

中世纪的画为什么那么"丑"？

中世纪的绘画作品多是圣经故事的插图，主要服务于宗教教义的传播。贫困落后的中欧人渴望从精神层面得到救赎，但由于文化水平有限，看不懂多用拉丁语创作的圣经典籍。因此，画匠们在绘画插图时，通过简单的笔触、夸张的人物表情或动作，来讲述、传达圣经故事要所表达的主旨、要义。

比如《查理曼大帝福音书》的插图《圣马太》，画面看起来粗糙、潦草，但仔细观摩，你会发现画匠是在透过夸张的笔触告诉读者《马太福音》是由圣徒马太认真记录耶稣基督的言行点滴而写成的。大大的书本、羽毛笔，是在突出圣马太的记录者身份；瞪大的眼睛、专注的表情，是在刻画圣马太撰写福音书时的认真和一丝不苟。

二、罗马式建筑

随着经济的发展及城市复兴，西欧建筑日渐兴盛。10 至 12 世纪的西欧建筑大都仿效罗马，以厚重敦实的墙壁、半圆形拱顶的门窗和拱廊、交叉拱顶结构等为主要特征，给人以雄浑庄重的印象，被称为罗马式建筑。11世纪晚期，罗马式建筑在法国进入全盛时期，著名的罗马式建筑有意大利比萨大教堂、德国沃姆斯教堂、法国圣塞南教堂等。

意大利比萨大教堂

三、哥特式建筑

哥特式建筑起源于12世纪的法国，其建筑风格特点是尖峭、高耸、纤瘦，其典型特征是细高尖塔、尖肋拱顶、修长的束柱、高大的玻璃窗及绘有圣经故事的花窗玻璃。高耸入云的尖塔最高可超百米，以威严冷峻的姿态俯视大地，令人注目遐思，不禁心生敬畏。著名的哥特式建筑有法国巴黎圣母院、法国亚眠大教堂、德国科隆大教堂、意大利米兰大教堂等。

亚眠大教堂

知识小结

　　中世纪艺术为宗教神学而服务，不注重对客观世界的真实描绘和展示，常用夸张、变形等手法来压抑人性、烘托神圣的光辉，其艺术成就集中体现在教堂建筑上。随着城市文化及商贸经济的兴起，建筑、镶嵌画、壁画、插画等艺术形式得以繁荣发展。

第五节　文化生活

　　中世纪初期的西欧文化教育几乎全部为教会所垄断。为培养有管理新帝国能力的教士及有知识的官员，同时向群众宣传宗教，教会开始兴办学校，其中教学水平较高的为大主教学校和僧院学校，教授的课程以源于古希腊的"七艺"——语法学、修辞学、逻辑学、算术、几何、音乐及天文学为主。

　　随着经济的发展、城市的兴起，市民逐步脱离落后、愚昧的生活方式，社会生活日益精细复杂化，市民对科学知识的渴求也越来越强烈。到了12世纪，随着大主教学校及僧院学校学员人数攀增，各种学校逐渐合并发展为由大学校长统一控制的团体组织——大学，其中具有代表性且影响较大的是英国的牛津大学、法国的巴黎大学。

无"辩论"不大学

在中世纪，"辩论"是大学的主要教育活动之一，教师的主要职责之一是"组织辩论"，而学生的主要任务则是"参加辩论"。辩论活动既有利于促进师生主动学习、深度思考，又有利于提升思考、演说等方面的能力。《牛津校史》记载了英国伊丽莎白女王曾一连三天听牛津学者们用希腊语和拉丁语进行哲学、民法、神学和物理学等方面的学术辩论，可见当时大学辩论活动的层次及水平之高。

13世纪后，西欧各地又增设了一些大学，这些大学通常是由学生和教师仿照手工业行会的形式而组织起来的，享有自治权。这些大学除开设"七艺"基础课之外，还开设了神学、文学、医学、法学等进阶课程，其中，神学和教会法学最受推崇。相比教会大学，这些大学的教学活动充满生气，打破了教会在教育上的垄断地位，也因此遭到了教会的反对与压制。其中具有代表性且影响较大的有英国的剑桥大学、德国的海德堡大学等。

知 识 小 结

中世纪早期"蒙昧主义"盛行，文化教育几乎全被教会所垄断。随着经济的发展、城市的兴起，市民对科学知识的渴求也越来越强烈，大学应运而生，然而早期的大学依然由教会控制。直至13世纪，诸多享有自治权的大学的兴起才打破了教会在教育上的垄断地位。

第六节　拜占庭文化

中世纪初期，当西罗马帝国因日耳曼的入侵而灭亡时，东罗马帝国却顶住冲击并延续了一千多年，后为与"神圣罗马帝国"相区分，1453 年灭亡的东罗马帝国被西欧人称为"拜占庭帝国"。

与西欧不同的是，拜占庭帝国的世俗王权地位非常高，不受教会控制，不但基本保留了古希腊、古罗马的文化遗产，还在世俗文化领域取得了相当高的成就。

拜占庭文化兼收并蓄了东西方文明，创造了独具特色的文化体系，其成就主要体现在文学、地理学、历史学、镶嵌画、壁画、建筑等方面。

一、拜占庭文学

拜占庭文化的多元性在其文学领域表现得尤为突出。首先，拜占庭在地理位置上，西接盛行拉丁文化的西哥特王国，东临阿拉伯文化繁荣的波斯帝国，东西方文化在拜占庭碰撞交融，为拜占庭文学发展注入了新鲜的活力。其次，拜占庭传承了古希腊、古罗马的文化遗产，为古典文学著作的收集研究做出了重要贡献，也为拜占庭文人创作奠定了深厚的基础。随着希腊语官方地位的恢复及提高，许多皇室贵族及上流社会人物都成了希腊语研究者或文学爱好者，希腊语成了东部地区政治、文学、宗教及日常生活的通用语言，拜占庭逐渐形成了独一无二的、主要以希腊语为创作语言的文学风格。

拜占庭文学的发展大体经历了四个阶段。第一个阶段是 4 至 7 世纪，这一时期主要实现了从古代文学向拜占庭文学的转变，代表作品有《君士坦丁大帝传》《亚历山大主教传》等。第二个阶段是 7 世纪中期至 9 世纪中期，这一时期，拜占庭因遭受阿拉伯人和斯拉夫人的入侵以及 8 世纪爆发的"破坏圣像运动"的影响，文学发展平平，马克西姆和大马士革人约翰为这一时期的知名作家。第三个阶段是 9 世纪至 1204 年，这一时期，拜占庭爆发了文学复兴运动，希腊罗马的古典文化得以传承弘扬，优秀的作家及作品不断涌现，文学发展进入了黄金期，代表作品有《帝国行政》《荻萝茜拉和查理克里斯》等。最后一个阶段是 1204 年以后，作家、学者无一例外地通过文学创作表达重振国威的急切心情①，这一时期涌现了很多优秀作品。

---

① 王储. 世界文化史教程 [M]. 成都：西南交通大学出版社，2016：161.

知识拓展

破坏圣像运动

自4世纪以来，皇帝与教皇争夺权力的斗争愈演愈烈。利奥三世首次发起了"破坏圣像运动"，两度宣布反对供奉圣像的诏令。到743年，君士坦丁五世再次推行破坏圣像运动，用石灰石毁坏了大量的圣像艺术品，加强集权统治。直至815年，利奥五世召开宗教会议，恢复圣像崇拜禁令。843年，摄政皇后提奥多拉颁布反对破坏圣像的尼西亚法规，圣像破坏运动至此结束。

二、拜占庭建筑

拜占庭建筑风格汲取了古罗马时期万神庙的穹顶结构、东方集中式结构与西方巴西利卡条形结构①，大型圆穹顶是其主要特征之一，给人带来强烈的视觉冲击力。随着社会的发展，拜占庭人不断优化建造技术，并对罗马穹顶加以改造，创造出一种被称为"帆拱"的新结构技术。帆拱的出现为拜占庭的建筑师们提供了新的设

---

① 李超然. 拜占庭 罗曼 哥特式建筑艺术风格及其关联性 [J]. 山西建筑，2020（11）：29.

计思路，并被广泛应用于东正教教堂的修建中，其中，最具代表性的拜占庭建筑就是君士坦丁堡的圣索菲亚大教堂。

圣索菲亚大教堂

三、拜占庭绘画

拜占庭的绘画艺术继承了古希腊罗马的传统，融合了基督教美术与宫廷艺术的双重特点，画作多取材于《圣经》，在人物刻画上注重遵循神学意义的传统模式，抑制对空间和深度的表现，但也融合了东方绘画艺术的特点，热衷运用绚丽的色彩、华丽的装饰，追求富丽华贵的效果。

圣维塔莱教堂镶嵌画《查士丁尼及其随从》

知识小结 ·········

拜占庭文化吸收、传承了古希腊、古罗马的古典文明，兼收并蓄了基督教和古代东方文化，形成了独具特色的多元文化体系，在学术和艺术领域均留下了宝贵的文化成果，同时也在欧洲文化发展史上起到了承上启下的重要作用。

回顾与延伸

中世纪的欧洲处于封建社会形态，虽然这段时期是欧洲的"黑暗"时期，但是它在哲学、建筑、文学、艺术等领域也都有所发展。

基督教对中世纪欧洲文化具有深远影响，当时的主要哲学学说即为基督教哲学，不仅如此，在中世纪欧洲的文学、史学、建筑等领域都能看到基督教的身影。在教育方面，为了培养接班人以及宣传宗教，教会开始兴办学校，之后随着社会的发展，这些学校逐步演化为大学，英国的牛津大学、法国的巴黎大学等都是在当时兴办的，至今依然是当地最好的大学之一。拜占庭文化作为中世纪欧洲文化的一部分，其继承了古希腊罗马文化，并融合了基督教和古代东方文化，形成了独特的文化体系。

除此之外，中世纪欧洲文化在音乐、舞蹈以及生活习俗等方面也形成了独具特色的风格。

文艺复兴（Renaissance）是 14 至 17 世纪在欧洲掀起的一场思想解放运动。这里的"复兴"，指的是古希腊与古罗马艺术和文化的"再生"与"复兴"，因为这些曾经繁荣的文化艺术在中世纪时已经衰亡，直到 14 世纪才再次在意大利"重生"，所以称为"文艺复兴"。

在这场运动中兴起的人文主义思想在文学、哲学、史学、艺术、建筑、宗教、科学等领域得到了切实的体现，它首次强调了人的创造性，强调了人文主义精神，对人的尊严、智慧及伟大给予了肯定。在将近 3 个世纪的漫长岁月里，文艺复兴得到了空前的发展，而且对整个欧洲乃至世界都产生了深远的影响。

【文化要点】

✽ 了解欧洲文艺复兴兴起的背景与原因。

✽ 深入了解欧洲文艺复兴时期的法学、哲学、文学、史学、艺术、建筑、自然科学等领域的发展与特点。

✽ 了解欧洲文艺复兴时期各领域的杰出代表人物。

✽ 理解欧洲文艺复兴对世界的影响与意义。

第一节　文艺复兴的兴起与传播

　　14 世纪前后，欧洲新兴起的资产阶级为反对封建阶级而掀起了一场思想解放运动——文艺复兴，这场运动在欧洲各国持续了近 300 年。它的兴起与传播受到了很多因素的影响——经济、政治、文化等，也对当时人们的生活产生了深刻的影响。

一、文艺复兴兴起的社会背景

　　文艺复兴最早发源于意大利。14 世纪初的意大利，资本主义开始萌芽，经济迅速发展，封建制度开始解体，这些都为意大利文艺复兴提供了物质和政治基础，也成为文艺复兴的先决条件。

　　紧邻意大利的地中海，为意大利海上贸易提供了便利。以佛罗伦萨为中心的很多重要城市，如威尼斯、米兰、罗马、热那亚等，都是西欧与东方各国往来贸易的重要交通枢纽，这也使得这些城市的工商业十分发达。在这种背景下（14—15 世纪），资本主义控制的手工工厂开始出现，随之出现了大批工商业资本家和被压迫与剥削的雇佣工人。

在当时，资本主义经济得到了迅速的发展。于是，在佛罗伦萨、米兰、威尼斯等比较发达的城市，新兴起的资产阶级、小资产阶级以及雇佣工人阶级开始在政治上反对封建阶级的统治，并进行了一系列反封建斗争。这些斗争最后的结果，就是上层资产阶级把控了部分城市的政权，还有一些城市相继被资产阶级所统治。比如，在佛罗伦萨，各大行会推翻了当时把控城市政权的骑士贵族，行会任命的"长老"开始掌握政权，而这些行会的性质实则为正在兴起的新兴资产阶级。同时，越来越多的人开始参加并组织反对封建统治、反对教会统治的阶级斗争，这些把控城市政权的新兴资产阶级则会为他们提供相应的经济和政治支持，也为当时刚萌芽的文艺复兴运动提供了支持和保护。

在这种情况下，越来越多的新兴资产阶级开始走上历史的舞台，把控城市政权，而作为执政者，他们需要不断地巩固与扩大自身的经济利益与政治利益。

掌控政权的新兴资产阶级首先要做的就是改变教会的神学思想，铲除陈腐愚昧的传统封建思想与观念，并树立全新的法权观点，这也是他们巩固阶级政权的强有力的方法。在巩固政权的同时，他们还试图扩大产能以获得更多的经济利润。为此，他们开始改良生产方法，改进生产技术，大力发展科学。在这一过程中，天文、地理、物理、化学、生物等自然科学得到了极大的发展，越来越多与之相关的新想法与新课题被不断地提出与探讨。此外，新兴资产阶级中的政权统治者还希望看到新的文学作品与艺术形式，这些别具一格的新作品不仅可以为他们制造舆论声势、提高统治地位，还可以供他们欣赏娱乐。

为了实现这些目的，他们开始主张发展与建立新的文化，因此，一系列以"复兴古典文化"为旗号的文化解放运动在资产阶级先进知识分子的组织下如火如荼地开展了起来。一时间，在意大利掀起了一场整理和研究古希腊与古罗马的文学古籍、艺术作品、科学著作以及历史文物的热潮，而这种对古典文化的"复兴"就被称为"文艺复兴"。

文艺复兴看似是"复兴古典文化"，实则是借鉴与利用古典文化作品中关于自然科学、唯物主义思想以及现实主义思想的因素而进行的一场资产阶级新文化运动。

长达 300 年的文艺复兴在世界文学、艺术、建筑、科学等领域以及世界历史上都留下了浓墨重彩的一笔。其发展大致可以分为三个阶段。第一个阶段发生在 14 世纪初至 15 世纪中叶，此时为文艺复兴的萌芽及发展阶段，主要为"早期意大利文艺复兴"。这一阶段的文艺复兴运动以佛罗伦萨为中心，诞生了以"人"为中心的人文主义思潮。第二个阶段发生在 15 世纪中叶至 16 世纪末，这是文艺复兴的高潮时期，文学、艺术、哲学、建筑等领域得到了全面发展，进入了空前繁荣时期。第三个阶段则为 17 世纪初至 17 世纪中叶，近代自然科学在这一时期迅速兴起。

知识拓展

文艺复兴时期的人文主义思潮

人文主义是文艺复兴时期兴起的一种先进的思想，它强调"人的重要性"，肯定人的人格独立，对人的力量和创造性给予了高度的认可。因此，当时的人文主义思想和人文主义作品主要有以下几个特点。

一是认为"人"是宇宙的中心，反对中世纪以来教会提出的"神是宇宙的中心"的观点。人文主义者高度赞扬人的价值与尊严，认为人的无穷力量可以创造一切。

二是反对一直以来宗教提出的禁欲主义；主张解放人的天性；主张人人自由平等；主张人们拥有享受爱情和幸福、追求财富与荣誉的权利。

三是推崇理性与智慧，反对封建迷信与蒙昧主义。人文主义思想强调知识的价值与人类理性的力量，认为"知识就是力量"，主张发展自然科学。

二、文艺复兴的传播

15世纪中叶至16世纪末，文艺复兴思想相继在德国、英国、法国、西班牙等欧洲国家得到了广泛传播，迅速地发展起来。

（一）德国文艺复兴

早在15世纪60年代至15世纪70年代，文艺复兴思想就已经传入了德国。德国的文艺复兴在人文主义文学以及艺术领域都有不俗的成果。

爱国诗人乌利希·冯·胡登是当时德国的人文主义文学的杰出代表人物，他写的《罗马的三位一体》就是其人文主义观点的代表作。在艺术领域，阿尔布雷特·丢勒、克拉纳赫以及霍尔拜因是德国文艺复兴现实主义艺术的代表人物，在当时德国的绘画领域都有着极高的造诣。

（二）法国文艺复兴

法国文艺复兴是在 15 世纪末兴起的，当时法国刚刚确立了中央集权的法兰西民族国家，王室宫廷和贵族拥有巨大的势力，新兴资本主义阶级不得不依附于王权。因此，当时的法国文艺复兴主要以王亲贵族为中心。同时，在国家建立之初，民众的民族意识与爱国之心十分强烈，因而在文学领域涌现了大批反映爱国主义情怀与民族观念的作品。其中，弗朗索瓦·拉伯雷的长篇小说《巨人传》是法国人文主义文学的代表作，在欧洲文坛上的声誉极高，其本人也是法国文艺复兴文学领域的重要代表人物。

（三）英国文艺复兴

直到 16 世纪，文艺复兴才在英国兴起，至 16 世纪末和 17 世纪初到达高潮。在英国文艺复兴时期，出现了托马斯·莫尔与莎士比亚两位杰出的代表人物。

莫尔是当时著名的人文主义学家，也是欧洲早期空想社会主义学说的创始人，其作品《乌托邦》构想了一个没有剥削、人人平等，社会上没有贫富与等级之分，人们按需分配的"新世界"。这部作品也因此成为欧洲乃至世界文学史上划时代的巨著，名留

莎士比亚

史册。

　　大文豪莎士比亚则是英国文艺复兴时期伟大的诗人与剧作家，他在欧洲文学史以及世界文学史上都有着不可撼动的地位和影响。莎士比亚生活在16世纪下半叶与17世纪初，这一时期，英国的封建社会正在向资本主义社会过渡，莎士比亚清楚地认识到了封建主义的黑暗腐朽以及资本主义的自私与贪婪。因此，莎士比亚的作品高度反映了当时的社会现象以及各阶级人们的鲜明特点，是英国文艺复兴文学领域的伟大代表。

知识小结

　　在意大利新兴资产阶级控制经济的时代背景下，意大利文艺复兴得以萌芽。作为一场资产阶级反对封建阶级的思想解放运动，其对于意大利社会的意义与重要性不言而喻。随着文艺复兴的迅速发展，欧洲各国也纷纷受其影响开始进行文艺复兴运动。15世纪中叶至16世纪末，随着各个国家大批文人、艺术家、建筑学家、科学家的涌现，文艺复兴也被推上了历史的高潮。这场文化运动在文学、艺术、法律、建筑以及科学等方方面面都有着独特的作品形式与层出不穷的思想观点，可以说，文艺复兴影响着当时的欧洲与世界，也影响着当今的欧洲与世界。

第二节　法学与哲学

在文艺复兴时期，欧洲各国的法学与哲学得到了很大的发展。在法学领域，罗马法得以复兴，资产阶级国际法得以创造，这些对欧洲各国的法律体系都产生了一定的影响。而在哲学领域，则涌现了弗朗西斯·培根、笛卡尔等著名的哲学家。

一、法学

（一）罗马法的复兴

罗马法在欧洲法学领域占据着重要的地位。12 世纪至 13 世纪，西欧各国的大学法学院一直都将罗马法列为主修课程，而复兴罗马法也是文艺复兴时期法学领域的一项重要内容。文艺复兴时期，意大利及其他国家的法学家对罗马法的注释和研究开启了罗马法"复兴"的进程。

大约 11 至 16 世纪，意大利诞生了注释法学派，法国则出现了人文主义法学派。这两个学派都致力于研究和学习罗马法，学派中的代表人物对罗马法的概念、立法及司法等方面的原则全都了然于胸，掌握得十分详尽。

罗马注释法学派的发展主要有两个时期。13 世纪以前为前期，意大利法学家阿佐是这一时期的代表人物，他的著作翻译、注释了罗马法的相关案例，提供了可参考的法律规则，在当时法学界具有重要的地位，成为法学界的必读之书，也进一步发展了罗马法。13 世纪至 15 世纪后半叶是注释法学派发展的后期，这一时期的主要代表人物是奇诺。到了后期，法学家们对法学的研究不再是单纯地注释、翻译法典，而是自己提出法律原则，建立法律分析结构，并积极地发展判例法。

15 至 16 世纪，继后期注释法学派之后，以法国为中心兴起了一个新的学派——人文主义法学派。受人文主义思潮的影响，这一法学派的研究目的是恢复罗马法的本来面目，让人们充分地了解罗马法的理性知识，从而将中世纪以来欧洲司法中的弊端彻底铲除。

注释法学派与人文主义法学派都将罗马法看作人类法律的基础。正是因为他们对于罗马法的注释、翻译、研究与传播，才使得罗马法在文艺复兴时期得到了长足的发展与普及，这就是罗马法的"复兴"。罗马法也因此在西方国家得以传播，很多国家的法律都是以罗马法为蓝本而制定的。

（二）近代资产阶级国际法

在文艺复兴时期，近代资产阶级国际法是法学领域的另一项重要成果，其理论奠基人与创始人是著名的荷兰思想家胡果·格劳秀斯。胡果的国际法著作《战争与和平法》不仅奠定了国际法的理论基础，而且成了西方资产阶级人权学说的基础自然法。《荷兰法律导论》《捕获法》等著作则是当时新兴资产阶级政权的法律理论。

此外，胡果还是海洋法的鼻祖。他的《海洋自由论》提出：在公海上，任何国家都可以自由航行。这一著作为荷兰、英国等当时的新兴的海权国家提供了海洋法律的基本原则与理论基础。

胡果创作的这些国际法，对很多国家的法律体系都产生了一定的影响，在当时是十分具有进步性的一系列法律原则。

知识拓展

胡果·格劳秀斯与国际法

人们对于战争与战争条约的讨论可以追溯到古罗马时代，但当时人们并没有严格地提出国际法的概念。到了中世纪，人们对于战争与国际法的讨论则涉及宣战、休战以及人道主义等方面的内容。直到文艺复兴时期，胡果才将国际法作为一门真正独立的学科系统地论述出来。

胡果提出："支撑国与国之间相互交流的法律就是国际法。"维护各国家的共同利益、保障国际社会的安定与安全是国际法的主要目的，各个国家必须遵循国际法的主要原则。

胡果提出的国际法原则对世界各个国家的和平相处以及保持良好的交往关系起到了积极的促进作用，为后世的国际法原则奠定了基础，他也因此被称为"国际法之父"。

二、哲学

文艺复兴时期的哲学也得到了长足的发展。在新兴资产阶级对抗传统封建阶级的社会大背景下，哲学家们也开始反对封建神学和经院哲学。文艺复兴时代的哲学家强调哲学应该以现实与自然为基础，他们推崇归纳法和实验法，强调实验与理性思维的重要性。当时，欧洲各国都出现了不少优秀的哲学家，其中，在哲学界有着很高地位的弗朗西斯·培根与勒内·笛卡尔是文艺复兴时期哲学领域的重要代表人物，他们提出的很多哲学思想与哲学理论都在哲学领域占据着重要的地位。

（一）弗朗西斯·培根

培根是英国文艺复兴时期的人文主义者、唯物主义哲学家以及近代归纳法的创始人。他创作的《论科学的增进》《学术的伟大复兴》以及《新工具》等作品，都是文艺复兴时期哲学领域的伟大著作，对当时以及后世的哲学产生了重要且深远的影响。

培根在《新工具》一书中系统阐述了他的科学归纳法，他认为这一方法可分为三个步骤进行。首先，收集实验材料。这是归纳法的基础，如果无法准确广泛地收集材料，那么就无法进行科学的归纳。其次，将收集的材料整理分类，为归纳总结做准备。最后，根据整理的材料进行归纳。而人们从认识个别经验到认识一般原理的过程，就是归纳。他认为，利用归纳法就可以较为稳妥地发现事物的本质与规律，并从中找出真理与普遍概念，同时归纳法也是人们进行正确思维、探索世间真理的重要工具。

培根反对封建神学与经院哲学，主张清除这种愚昧的哲学思想，主张人们应该认识科学，了解科学。

他推崇古代唯物主义，强调世界是由物质组成的，他认为分子就是构成一切事物的最小单位。他提出，物质的固有的最重要的特性是其运动性，物质运动既有规律性又有着多种多样的形式。

此外，著名的"知识就是力量"的口号也是培根提出来的。

培根对于世界哲学史的影响是不言而喻的，他的唯物主义哲学思想为后世的唯物主义哲学思想奠定了基础。因此，他被马克思和恩格斯评价为"英国唯物主义的第一个创始人"。

（二）勒内·笛卡尔

勒内·笛卡尔生于16世纪末，生活于17世纪上半叶，是法国著名的哲学家、数学家以及物理学家。笛卡尔在哲学领域有着不俗的成就，他是西方现代哲学思想的奠基人之一，也是近代唯理论的创始人。他的哲学著作《方法论》《第一哲学沉思集》以及《哲学原理》至今依然是很多大学哲学系的必读书目。

勒内·笛卡尔

作为欧洲"理性主义"的创始人，他的哲学思想为欧洲"理性主义"哲学奠定了扎实的理论基础，对欧洲之后的哲学领域产生了深远的影响。此外，笛卡尔还是一个二元论者。他认为灵魂和肉体是彼此分开、独立存在的。

世人皆知的那句"我思故我在"就是笛卡尔提出的唯心主义命题，这也是他"普遍怀疑"主张的体现。

笛卡尔被黑格尔称为"近代哲学之父"，他为欧洲近代哲学思想奠定了基础，他开创性地将唯物主义与唯心主义相结合，提出的哲学理论在世界哲学史上都具有重大意义。

知识小结

在文艺复兴时期，欧洲各国的法学及哲学都得到了极大的发展。在法学领域，罗马法的"复兴"以及资产阶级国际法的诞生，为当时以及后世欧洲的法律体系奠定了理论基础，与此同时，新诞生的注释法学派与人文主义法学派也是文艺复兴时期法学领域的重要组成部分。而在哲学领域，则出现了培根、笛卡尔等著名哲学家，他们的哲学思想至今都在影响着世界。

第三节 文学与史学

文艺复兴时期的欧洲文学空前繁盛，尤其在 15 世纪中叶至 16 世纪末，文艺复兴运动传遍欧洲各国，并进入高度繁荣时期，随后涌现出了一大批文学巨匠，在世界文学史上占据着重要的地位。古典史学也在文艺复兴运动中得以"复兴"，像布鲁尼等著名史学家的著作至今也是世界历史学文库中的重要瑰宝。

一、文学

（一）诗歌

从古至今，诗歌一直是文学领域的一种重要创作形式，在文艺复兴时期，诗歌也得到空前的发展，其表达的情感各不相同，形式也多种多样，主要包括史诗、抒情诗、颂诗、田园诗等。

意大利诗人但丁被称为文艺复兴的先驱者，其长诗《神曲》的出现，标志着早期文艺复兴的兴起。这部划时代的史诗，采用了中世纪文学特有的梦幻文学形式，长达一万四千多行，共分为《地狱》《炼狱》《天堂》三部。在诗中，但丁自己就是主人公，以活人的身份去地狱、炼狱和天堂进行了一次奇幻之旅，表达了但丁对中世纪封建蒙昧主义的坚决反对以及其执着追求真理的崇高理想。《神曲》被誉为欧洲古典四大名著之一，对欧洲后世的诗歌及文学创作有着深远的影响与重要的意义。

但丁

　　弗兰齐斯科·彼特拉克也是一位意大利诗人，他是文艺复兴运动中的第一个人文主义者，被誉为"文艺复兴之父"。作为一名诗人，彼特拉克以十四行诗闻名于世，他的情诗收录于其名为《歌集》的代表作之中，具有浓浓的骑士爱情诗的色彩。这部《歌集》一经问世，就在文学界引起轩然大波，彼特拉克也因此获得了"桂冠诗人"的美誉。他的诗歌，表达着文艺复兴早期人文主义者对新生活的追求与向往、对封建阶级以及教会的憎恨与厌恶之情，极大地推动了欧洲人文主义运动的发展进程。

（二）小说

乔万尼·薄伽丘作为文艺复兴早期的意大利人文主义作家，与但丁、彼特拉克并称为"文艺复兴三巨头"，佛罗伦萨"文坛三杰"。薄伽丘创作的作品形式包括史诗、传奇、十四行诗、短篇小说等，其中短篇小说集《十日谈》是其最优秀的作品。《十日谈》作为世界上第一部短篇小说集以及欧洲第一部现实主义巨著，充分反映了作者的人文主义思想，对欧洲文学史产生了巨大的影响。英国著名诗人乔叟的《坎特伯雷故事集》在形式和内容上都受到《十日谈》的影响。

乔万尼·薄伽丘

此外法国作家拉伯雷的长篇讽刺小说《巨人传》、西班牙作家塞万提斯的长篇小说《唐·吉诃德》都是文艺复兴时期的著名小说作品，充分反映了当时社会的政治、经济、文化等各个方面，体现了作者的人文主义价值观。

（三）戏剧

英国大文豪威廉·莎士比亚是文艺复兴时期著名的文学家、诗人以及戏剧家。莎士比亚也是一位人文主义者，他的作品大多诉说的是英国当时的社会，描绘了当时各阶级人物的鲜明特点，反映了这位文学巨人对当时英国资产阶级社会的抨击与不满。

莎士比亚的悲剧作品将英国文艺复兴时期文学领域的悲剧文学推上巅峰。1601年至1608年，他先后创作了《哈姆雷特》《奥赛罗》《李尔王》《麦克白》四部文学史上著名的悲剧作品。此外，莎士比亚还创作了著名的四大喜剧，即《仲夏夜之梦》《威尼斯商人》《皆大欢喜》和《第十二夜》，其喜剧的基本主题都是歌颂爱情与友情，描绘青年男女为追求爱情、自由、美满生活而斗争。

莎士比亚作为英国文学史上乃至世界文学史上最伟大的文学家之一，其作品不仅反映了文艺复兴时期英国文学创作的最高水准，还影响后世一代又一代的文学家。他曾经被英国著名剧作家本·琼生赞誉为"时代的灵魂"，可见莎士比亚在文学领域的重要地位。

知识拓展

文艺复兴时期的散文

散文也是文艺复兴时期欧洲文学史上的一种极为重要的创作形式。散文的创作，对欧洲各民族语言的发展起到了促进作用。英国的弗朗西斯·培根不仅是一位哲学家，同样是一位优秀的散文家。他的著作《培根随笔》是一本随笔集，开创了英国随笔文学的先河，其优美的文笔、简洁的语言、智慧的理念使得这部书在文学史上占据了极为重要的地位。

二、史学

文艺复兴时期的史学也得到了历史性的发展。当时的史学家们沿用并发展了古希腊罗马史学家编撰历史的方法，基于现实社会的角度，记录下了这个时期的"人"与"人的历史"，以此来抨击封建阶级的神学观点以及宗教的史学观点。在这一时期，大批的政治史、战争史、文化史、人物传记、建筑艺术史等被创作出来，成为传世之作。

布鲁尼是文艺复兴时期意大利著名的人文主义历史学家，其著作《但丁传记》与《彼特拉克传记》是当时史学界的重要作品，这两部作品充分地肯定了但丁与彼特拉克在文艺复兴运动中所起到的积极作用，阐述并宣传了他们的主要观点。除了传记，布鲁尼还创作了《佛罗伦萨史》，这部著作将意大利城市佛罗伦萨的兴起、发展、繁荣以及如何成为意大利第一大城市的历史描绘得淋漓尽致，成为记录这座城市的第一部史书。

意大利另一位著名的史学家是比昂多，他的《罗马衰亡以来的千年史》记录了 410 年至 1441 年间的史事。这部书史料丰富，记载详尽，遗憾的是，直至比昂多去世，这部书也没有完成。此外，比昂多提出了"中世纪"的概念，他指出西罗马帝国的覆灭代表着古代史的终结，从此另一个时期就到来了。他将 5 世纪至 15 世纪这一千年称为"中世纪"，而这一概念也被欧洲众多史学家沿用至今。

此外，法国史学家佛罗莎特、德意志史学家佛拉西斯、西班牙史学家卡萨斯都是文艺复兴时期知名的史学家，他们的著作以及对史学的研究，将欧洲近代史学变成了资产阶级学术文化领域的重要组成部分。

知(识)(小)(结)········●●●

　　文艺复兴时期的欧洲文学达到了空前繁盛的阶段。但丁、彼特拉克、莎士比亚等伟大的文学家，为世界文学的发展与繁荣做出了不可磨灭的贡献。同时，在历史学领域，史书、传记等著作层出不穷，成就斐然。

第四节　艺术与建筑

绘画、雕刻与建筑是文艺复兴时期主要的艺术形式。在那个艺术高度繁荣的时期，层出不穷的艺术作品与艺术形式将一位又一位艺术大家推上历史的舞台，为世界艺术史增添了绚烂夺目的光彩。而建筑界也是如此，欧洲各国在文艺复兴运动的影响下，诞生了有着本国特色的建筑形式，对世界建筑领域的发展也起到了巨大的推进作用。

一、艺术

（一）绘画

继古希腊艺术发展高峰之后，文艺复兴时期是世界艺术发展的第二次高峰。在绘画领域，意大利的达·芬奇、拉斐尔与米开朗基罗是最具影响力的三位大画家，创作了众多享誉世界的名作。

　　意大利画家、艺术家列奥纳多·达·芬奇在文艺复兴时期创作了无数经典之作，他擅长刻画人物的内心，表达人物的智慧与细腻的情感。其中，著名的《蒙娜丽莎》就是其代表作之一，是欧洲美术史上少有的、极其出色的心理描写肖像之一。蒙娜丽莎是一位商人的妻子，其淡淡的微笑是这幅名作的最重要的特点。《蒙娜丽莎》将那名女子的美丽栩栩如生地勾勒了出来，并永恒地保留了下来，歌颂了女性的美丽与感染力。此外，达·芬奇的《最后的晚餐》也是传世名作。这幅画对人物心理的刻画与研究达到了极致，将人们的愤怒、震惊、憎恶、激动、愤慨、自若等不同的情绪与心理状态描绘得惟妙惟肖、生动逼真。

《蒙娜丽莎》达·芬奇

拉斐尔·桑西也是文艺复兴时期著名的意大利画家。拉斐尔最擅长画妇女和儿童，其作品《大公爵的圣母》《草地上的圣母》《花园中的圣母》都是著名的圣母像。拉斐尔的作品善于体现和谐、宁静的氛围，给人以美好与恬静的视觉感受和心理体验。壁画也是拉斐尔绘画作品中的重要组成部分。其中，《圣礼之争》《雅典学派》《帕那苏斯山》等虽然都是为罗马教会创作的，但人文主义思想还是被拉斐尔巧妙地融入其中。

（二）雕塑

与达·芬奇、拉斐尔并称为"文艺复兴后三杰"的米开朗基罗·博那罗蒂是意大利伟大的画家、雕塑家与建筑师。其大理石雕塑名作《大卫》广为人知。此雕像展现了一位形体俊美健硕、表情坚定、饱含生命力的裸体男子的形象，也体现了英雄大卫高大威武的气概。此外，《摩西》《昼》《夜》《晨》《暮》《哀悼基督》等都是米开朗基罗的著名雕塑作品。其壁画作品《创世纪》《最后的审判》等也都是惊世之作。

吉贝尔蒂是文艺复兴早期的意大利青铜雕刻家，他的雕刻作品为意大利文艺复兴后期的众多雕刻家的作品风格奠定了基础。吉贝尔蒂雕刻的人物栩栩如生，一直受到同时代以及后世雕刻家的高度赞扬与效仿。

知识拓展

达·芬奇的艺术造诣

列奥纳多·达·芬奇生活于意大利文艺复兴时期，他不仅是一位画家，还是一位雕刻家、建筑家、科学家和发明家，其中，他在绘画上获得了最大的艺术成就。

达·芬奇

达·芬奇的艺术造诣不仅体现在他独一无二的艺术作品上，还体现在他对于建筑、绘画、雕刻三大领域所做的贡献上。在这三大艺术领域中，一直以来都有很多问题困扰着艺术家们，而达·芬奇开创性地为这些领域中的一些重大问题提出了解决方案。

在建筑方面，他解决了纪念性中央圆屋顶建筑物的设计与理想城市的规划问题；在绘画方面，他解决了纪念性壁画与祭坛画的创作问题；在雕刻方面，他解决了从 15 世纪以来就深深困扰众多雕刻家的骑马纪念碑雕像的雕刻问题。

达·芬奇是文艺复兴时期横空出世的一位天才，为世界艺术、数学、自然科学等众多领域都做出了巨大的贡献，他也因此被称为"文艺复兴时期最完美的代表"。

二、建筑

15 世纪至 16 世纪，文艺复兴运动在整个欧洲传播开来，到达了繁盛时期，建筑艺术也在这时得到了一定程度的发展。文艺复兴古典建筑以及装饰性的建筑结构是当时建筑艺术的主要风格。在这一领域，也出现了一些举世闻名、造诣极高的建筑家，影响着当时以及后世的建筑风格。

意大利著名建筑师、画家阿尔伯蒂对于文艺复兴建筑的贡献是巨大的。他的作品《建筑论》是文艺复兴建筑史上的第一部论著。此外著名的圣玛利亚诺维拉教堂立面的上半部分、圣安德烈亚大教堂都被认为是他的建筑作品。

菲拉雷特是文艺复兴时期意大利著名的建筑家。他提出了一个著名的建筑设计想法——Sforzinda，这是菲拉雷特构想出的一个理想城市，他将这个理想城市的艺术性与功能性设计成了一个整体，每一个单独的建筑与城市的整体规划和设计都有着明确的关系。就建筑的整体性而言，Sforzinda 对之后意大利文艺复兴的建筑甚至整个欧洲的文艺复兴建筑都产生了深远的影响。

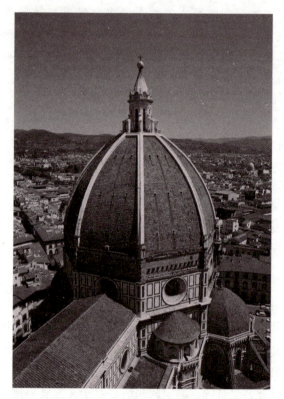

圣母百花大教堂圆顶——文艺复兴建筑的代表

多纳托·布拉曼特出生于意大利的乌尔比诺杜兰特堡，在文艺复兴时期，他对于建筑艺术有着重要推动作用。布拉曼特认为圆形设计应该是教堂最理想的设计，这一想法对在他之后的建筑作品中就有所体现。建筑领域普遍认为，意大利的圣玛利亚感恩堂由布拉曼特主持扩建，而著名的圣彼得大教堂的最初的设计稿以及初期建筑都是在布拉曼特的手中诞生的。随后，一些建筑家又对这些教堂进行了改建。

知识小结 ·········●●●●●●

在文化领域，艺术和建筑一直以来就占据着重要的地位，而文艺复兴时期的艺术和建筑同样如此，它们在整个文艺复兴的发展历程中扮演着无法代替的角色。达·芬奇、拉斐尔、米开朗基罗、吉贝尔蒂、布拉曼特等著名的画家、建筑家与艺术家，用他们自己的天分、追求与对艺术的执着，为文艺复兴时期的艺术和建筑留下了不可比拟的珍贵作品，为欧洲以及世界艺术和建筑提供了指导与基础。

第五节　近代自然科学

　　近代自然科学是新兴资产阶级在扩大产能、追求更大利润的过程中诞生的，它起源于文艺复兴，伴随着文艺复兴的进程一同发展。从 15 世纪到 19 世纪，近代自然科学从萌芽到高速发展，人们从认识它到研究它再到依赖它，这一切都要归功于文艺复兴。

一、天文学

　　16 世纪，波兰天文学家哥白尼的"日心说"推翻了一直以来被人类广泛相信的"地心说"与"创世说"，为世界天文学界提供了最先进、最科学的理论依据。哥白尼创作出版的《天体运行论》，提出了太阳是宇宙的中心，地球与其他行星都围绕着太阳旋转的理论观点，成为当时提出此科学观点的第一人。

　　之后，意大利哲学家、天文学家布鲁诺在哥白尼"日心说"理论的基础上，提出了"宇宙无限"的观点。布鲁诺提出，宇宙是由物质组成的，同时宇宙中拥有无数个星体。

意大利物理学家和天文学家伽利略通过观察天体运行以及天象，发现了月球表面的深谷与高山。在其著作《星际使者》中，他指出了木星、金星以及太阳的不同特点，这部巨著将宇宙更加清晰、明朗地展现在人们的面前。

二、数学

文艺复兴时期的数学家们在代数领域取得了突破性的研究成果。在 14 世纪以前，数学代数题主要通过语言将绝大多数的数字与算式描述出来，这就使得数学题不够直观，解起题来十分吃力。14 世纪，欧洲的一些数学家开始向阿拉伯人学习，使用速记法记录问题，而代数学中的很多字母符号就是当时速记法中使用的符号，文艺复兴时期的数学家们也因此发明了代数学中的成套符号。此外，在 16 世纪中叶，意大利著名数学家卡尔达诺发表了能够成功解开三次代数方程的公式。

三、化学

文艺复兴时期，炼金术十分发达，而这也为化学家们提供了研究化学的便利条件。在 15 世纪至 16 世纪，火药的特性以及炼制方法、酒精的蒸馏方法、玻璃的制造等都被化学家深入地研究过。此外，化学家们还找到了生产硫酸的新方法。

四、医学

16世纪，荷兰医生维萨留斯发表著作《人体构造》，这本书奠定了近代解剖学的基础。这部作品被巴甫洛夫赞誉为"人类近代史上第一部人体解剖学"。此外，英国的威廉·哈维发现了人体血液循环系统的规律，他是当时最早发现这一规律的医生，而他的发现奠定了近代生理科学发展的基础。

知识小结 ●●●●●●●●●

在资产阶级与传统封建阶级作斗争的背景下，伴随着文艺复兴，近代自然科学逐渐兴起并广泛发展。在这三个世纪的时间里，天文学、数学、化学、医学等自然科学都得到了突破性的发展，为之后自然科学的发展奠定了坚实的基础。文艺复兴时期的科学家们克服重重困难，坚定地追求着科学的理论与知识，探索着科学的真理，为后世留下宝贵的科学遗产。

回顾与延伸

　　欧洲文艺复兴时期是思想、文化等各个领域充分发展的黄金时期，在这段时间内，法学、哲学、文学、史学、艺术、建筑、自然科学等都有了突破性的发展和成就。

　　这一时期涌现出了许多伟大的人物和艺术作品，如但丁的《神曲》、达·芬奇的《蒙娜丽莎》、米开朗基罗的《大卫》等，这些作品即使在科技发达、物质文化极度丰富的今天看来，依然具有极高的艺术价值和欣赏价值。在思想解放的浪潮下，科学技术方面也取得了惊人的发展，如哥白尼提出了"日心说"，为天文学的发展奠定了基础。

　　欧洲文艺复兴时期的成果远远不止这些，它在音乐、地理学、心理学等方面也取得了伟大的成就，例如哥伦布发现了美洲大陆，麦哲伦完成了首次环球航行，关于他们的故事就需要你自己去翻阅和了解了。

第九章

伊斯兰文化

伊斯兰文化是一种以伊斯兰教为主导、以阿拉伯语为载体，异彩纷呈、兼容并蓄的综合性文化，其经历了跌宕起伏的历史演进过程。

伊斯兰文化建立在多民族文化的基础上，有着鲜明的宗教文化的特征，又包含古典文化与世俗文化的内容。来自东西方的思想智慧为伊斯兰文化的生成与发展提供了源源不断的动力，而伊斯兰文化的传播与发展又促进了世界文明的交流与融合。

✿ 了解伊斯兰文化的起源、发展与特征。

✿ 了解伊斯兰教的创立过程，对阿拉伯哲学的代表人物建立一定的认识。

✿ 认识文学与科学在伊斯兰文化中的主要作用。

✿ 了解伊斯兰绘画艺术和建筑艺术的风格和特色，并构建对伊斯兰文化各元素之间的关联认知。

第一节　伊斯兰文化的形成与特征

伊斯兰文化又称为"阿拉伯文化"或"阿拉伯—伊斯兰文化"，其产生与发展建立在伊斯兰教的兴起、繁盛之上。在跌宕起伏的历史演进中，伊斯兰文化一面吸收东西方古代文明智慧，不断丰富自身文化内涵，一面向北非、欧洲、印度、东南亚等地传播，最终对整个世界文化的格局都产生了广泛而深远的影响。

一、伊斯兰文化的起源与发展

（一）伊斯兰文化的起源

美国知名的东方学家菲利普·胡里·希提曾说，伊斯兰文化继承了新月地区古代闪族的文化，就本质而言，其属于希腊化的阿拉马文化和伊朗文化。[①]

伊斯兰文化兴起于阿拉伯半岛，阿拉伯半岛气候温和，自然环境优越。半岛上的先民最早属于游牧民族，在伊斯兰教创建之前，他们有着原始氏族宗教信仰。阿拉伯半岛上最神圣的城市麦加城的克尔白神庙里供奉着各个氏族部落的神灵，这种多神信仰也影响到了后期伊斯兰教的产生及伊斯兰宗教文化的形成。在这块土地上，先民们先后开创了苏美尔、巴比伦、亚述、赫梯、波斯等文明。在伊斯兰教兴起之前，阿拉伯半岛及周边地区的城邦文明已经延续了千年，并呈现出多元文明交流融合的特征，这都为后续伊斯兰文化的形成与发展奠定了基础。因着特殊的地理位置，阿拉伯半岛上大大小小的城邦经济活跃、商业发达，尤其是麦加城，更是当时的商业中心。但常年战乱使得社会动荡不安，无论是阿拉伯贵族还是社会底层人民都渴望创建统一的政权和国家。7世纪，宗教领袖穆罕默德率领教众建立了政权统一的国家。随着时间的更迭变迁，阿拉伯半岛传统的多神信仰被伊斯兰教信仰所取代，在吸收阿拉伯半岛本土文化的基础上，丰富灿烂、兼容并蓄的伊斯兰文化逐渐形成，而这一文化圈层也不断向外蔓延。

（二）伊斯兰文化的发展

伊斯兰教的创建与发展使得伊斯兰文化逐渐兴起于阿拉伯半岛，在这片土地上，原先分散的部落因相同的宗教信仰逐渐联合成一个强大的阿拉伯民族，阿拉伯语也成为统一的民族语言。语言认同是文化认同的基础，而伊斯兰教经典《古兰经》定本的出

---

① ［美］希提著，马坚译. 阿拉伯通史［M］. 北京：商务印书馆，1979：203.

现不仅有力推动了阿拉伯语的发展，也极大促进了伊斯兰文化的发展。[①]

在传播伊斯兰教的过程中，在穆罕默德的领导下，伊斯兰教的信仰者们发动战争，相继"征服了肥沃的新月地区、波斯和埃及的国土"[②]。至 8 世纪前期，形成了横跨欧亚非三洲的阿拉伯帝国。麦地那和麦加曾是伊斯兰教的文化中心，随着伊斯兰文化圈逐渐扩大，其地位逐渐被巴士拉和库法[③]所取代。在此过程中，伊斯兰教深深受到了异教文化的影响，教义变得越来越丰富，而其在自然科学、文学、绘画及建筑艺术上的成就也越发突出。

总体而言，伊斯兰文化发展经历了两个阶段。

其一为伊斯兰文化的启蒙阶段，即四大哈里发和倭马亚王朝统治时期。在这一时期，以情诗、政治诗和讽刺诗为主的阿拉伯诗歌创作的风潮涌起，并构成伊斯兰文化的重要内容；对后世影响深远的语言学和圣训学不断发展成熟；同时，伊斯兰独特的建筑风格也初步形成。

其二为伊斯兰文化的繁盛阶段，即阿拔斯王朝时代。在这一阶段，伊斯兰文化圈内各种学术文化活动不断，相继在科学、文学、艺术、哲学、法学等方面获得了举世瞩目的成就。

---

① 李艳枝，李昂. 试析阿拉伯—伊斯兰文化的历史基础及其影响 ［J］. 大庆师范学院学报，2018（3）：85.

② ［美］希提著，马坚译. 阿拉伯通史 ［M］. 北京：商务印书馆，1979：203.

③ 皆为伊拉克古城。

知识拓展

阿拉伯帝国的三大发展阶段

阿拉伯帝国有着626年的历史，主要经历了三大发展阶段。

四大哈里发时期（632—661年），在这一阶段，阿拉伯的版图不断扩张，这为帝国的崛起奠定了基础。倭马亚王朝（661—750年），在这一阶段，阿拉伯国内纷争不断。阿拔斯王朝（750—1258年）是阿拉伯帝国的第一个世袭制王朝，在这一阶段，阿拉伯国内的生产力有了显著的提高，伊斯兰文化发展迅速，内涵也变得越来越丰富。在阿拔斯王朝建立初期，阿拉伯社会较为稳定，贸易往来频繁，经济极度繁荣，在科学文化等方面取得了很多成就，是帝国的鼎盛时期，随后却走向四分五裂的结局。

二、伊斯兰文化的特征

伊斯兰文化的特征主要表现在两方面：其一为"认主唯一"，以宗教学为核心；其二为开放兼容，在多民族文化的交流、融合与创新的过程中形成自我独特的文化体系。[①]

---

① 何乃英．阿拉伯伊斯兰文化体系的形成和特性［J］．广西右江民族师专学报，2000（3）：6.

（一）　以宗教学为核心

伊斯兰教"认主唯一"的固有特点，决定了伊斯兰文化体系将始终与政治、宗教紧密相连。

伊斯兰教的信徒们认为，伊斯兰文化体系要以宗教学为核心，将研究《古兰经》和其他宗教典籍视为最重要的任务，体系内的所有文化、学说都应遵循伊斯兰教的思想和教义，都要为宣传伊斯兰教服务。

（二）　多民族文化的交流、融合与创新

伊斯兰文化在形成之初，展现出了极大的开放性、兼容性和继承性，在发展过程中又涌现出无限的创造力和创新性。这与其独特的地理位置和复杂的种族关系息息相关。首先，阿拉伯半岛位于巴比伦和埃及之间，古巴比伦文明和古埃及文明对其影响至深，而阿拉伯半岛北边与希伯来接壤，东南方向又可通过海路去往印度和波斯，得天独厚的地理位置使其有条件接受东西方文化的熏陶。

同时，阿拉伯半岛最初的居住者是远古闪米特人[①]，闪米特人内部又分为东、西两大支，可以说，阿拉伯人与周围的民族、国家都有着千丝万缕的亲缘关系。随着后期伊斯兰文化圈不断向外延伸，其逐渐吸纳、继承并融合了多个国家、民族的文化，在不断创新的基础上最终形成了独特的伊斯兰文化体系。

---

① 远古闪米特人有着悠远的历史，被认为是巴比伦人、亚述人、阿拉米人、迦南人、腓尼基人、希伯来人和阿拉伯人的共同祖先。

知 识 小 结 ·······●●●●

　　伊斯兰文化的产生源于伊斯兰教的创立，在伊斯兰教创立前，阿拉伯半岛上的游牧民族有着多神崇拜的传统，同时，各氏族部落间战乱不断，使得社会各阶层都强烈盼望建立统一、强大的政权，在这种情况下，伊斯兰教和伊斯兰文化也得以产生与发展，并逐步建立起完善的体系，形成其"认主唯一"、开放兼容的特性。

第二节　宗教与哲学

伊斯兰教的创立，使得阿拉伯民族联结成一个统一的整体，亦孕育了庞大的伊斯兰文化体系，其中，在哲学领域人才辈出，在世界哲学史上留下了浓墨重彩的一笔。

一、伊斯兰教的创立

伊斯兰教的创始人为穆罕默德，他出生于麦加城的没落贵族家庭，自幼聪慧多思。在创建伊斯兰教之前，穆罕默德的足迹遍布阿拉伯半岛和叙利亚、巴勒斯坦的部分地区，对阿拉伯半岛上各部落的原始宗教以及犹太教、基督教等都有所了解。而在游历过程中，他倾听了底层人民的心声，感受到社会各阶层对于建立统一国家政权的强烈愿望与决心。

公元 610 年前后，穆罕默德开始了秘密传教的活动。他向麦加城的民众宣称自己是古莱西部落的主神安拉的使者和先知，并将安拉奉为万物之主和唯一的神，其所宣讲的教义受到底层民众的拥护，伊斯兰教也就此形成。

二、阿拉伯哲学的代表人物

阿拉伯哲学体系建立在伊斯兰教教义的基础上，并受到希腊哲学思想的影响。早期著名的哲学家有金迪、法拉比等。[①]

金迪出生于厍法[②]，是阿拉伯帝国麦蒙时代十分有名的哲学家。他是典型的亚里士多德派的哲学家，翻译了亚里士多德及其他希腊哲学家的不少著作，并对其中的复杂理论做出清晰明了的解释，解决了不少哲学难题。他一生著作颇丰，可惜流传至今已所剩无几，只留下部分手抄稿。[③]

法拉比出身名门，在阿拉伯世界，他被视为仅次于亚里士多德的哲学亚师。法拉比整理、校对了亚里士多德的很多著作，并和自己的学生合力将其翻译成阿拉伯语。在哲学先辈的影响下，法拉比形成了自己独特的哲学观，他认为哲学是唯一的，而对于真理的追求是永恒的。基于此，他习惯将各种哲学观点进行调和，哪怕两种观点是互相敌对、相互矛盾的。[④]

---

① 王飞鸿，崔晟．世界文化简史［M］．长春：吉林大学出版社，2010：142-143.

② 伊拉克南部古城。

③ 蔡德贵．阿拉伯世界哲学家金迪的主要哲学思想［J］．哲学译丛，1991（4）：65.

④ 蔡德贵．阿拉伯哲学家法拉比［J］．新疆大学学报（哲学社会科学版），1987（3）：13.

知识小结 ·····●●●●●

穆罕默德创立的伊斯兰教结束了阿拉伯半岛上长期战乱、政治分裂的现象，四分五裂的部落从此被凝结成一个整体。

政权的稳定保障了文化的发展，并孕育出了璀璨的阿拉伯哲学，其代表人物包括金迪、法拉比等。

第三节　文学与科学技术

　　古老的阿拉伯—伊斯兰文明是智慧与艺术的摇篮，伊斯兰文学形式多样、内容丰富，深深地影响了欧洲的文学创作，另外，伊斯兰文明在天文学、数学、医学等方面亦硕果累累。

一、伊斯兰文学

　　伊斯兰文学的历史可以追溯到伊斯兰教创教之前，那时阿拉伯半岛的文学形式以诗歌、谚语和故事为主。宗教的流入为阿拉伯半岛的文学提供了文字创作的标准，而第一部体现这种标准的文学著作便是《古兰经》。

　　《古兰经》是第一部用阿拉伯语记载的散文著作，其含义复杂深邃，语言风格清丽优美。它的存在为阿拉伯文明的文学创作提供了文体上的标准，这种标准对后世创作的影响持续至今。

　　阿拉伯帝国创立后，在波斯文学的影响下，以爱情为主题的诗歌流行开来，著名的诗歌创作者有古莱氏族的欧麦尔·伊本·

艾比·拉比耳和麦地那欧兹赖部族的杰米勒。

在这一时期，波斯散文亦盛行一时，散文作家查希兹和哈利利便是其中的杰出代表。后者的作品《麦噶麻特》被誉为仅次于《古兰经》的名著。

9—11世纪，随着阿拉伯文明的扩张，伊斯兰文化与东西方文明的融合不断深入，大量针对其他文明的文献翻译工作在阿拉伯的学者之间展开。此后，伊斯兰文明大量汲取异国文明的智慧，在此期间，伊斯兰文学受到了包括希腊文学、拉丁文学、波斯文学乃至印度和中国文学的广泛影响，在获取了大量翻译著作的基础上，创作了许多经典的文学作品。可以说，本土文学的传承和宗教文学的发展，以及外来文学的引入，共同缔造了灿烂的伊斯兰文学。

知识拓展

伊斯兰文学对欧洲文学的影响

在伊斯兰文学中，诗歌是最古老和最受欢迎的文学形式之一，在伊斯兰教创立前，阿拉伯半岛上就流传着很多内涵丰富的诗歌。到了阿拔斯王朝时期，诗歌名家层出不穷，诗歌形式多种多样，比如哀悼诗、爱情诗、田园诗等。这些诗歌之后传入西西里岛，促进了意大利诗歌的发展，更对整个欧洲的诗歌创作产生了深远的影响。

在阿拔斯王朝时期，伊斯兰散文也很出名，最著名的散文作家有艾布·阿拉·麦阿里，他的作品深深启发了欧洲文艺复兴的先驱但丁的创作，在其影响下，但丁写出了世界名著《神曲》。

阿拉伯民间故事也为欧洲的小说创作者在形式与内容方面提供了很多巧思。

二、伊斯兰科学

自 8 世纪至 15 世纪整整 800 年间，伊斯兰科学经历了由兴起至发展而后衰落的过程，这一过程甚至对整个西方科学的兴起和发展都带来了巨大的影响，其主要表现在天文学、数学和医学等领域。

在阿拉伯的天文学者中，花剌子密和白塔尼十分有名。前者制定的《天文表》成为东西方制作天文表的蓝本，而后者编写的《萨比历数书》亦流传甚广。阿拉伯的数学也发展到极高的水平，12世纪，阿拉伯数字传入欧洲，这极大促进了计算科学的发展。花剌子密不仅是杰出的天文学家，还是著名的数学家，其著作《积分和方程计算》一直被后人奉为经典。

阿拉伯医学家也对世界医学做出了不可磨灭的贡献，其中的杰出代表有拉齐斯，他一生著作甚多，最为出名的有《天花与麻疹》和《医学集成》等。另一位医学名家阿维森纳的著作《医典》则代表了当时医学界的世界最高水平。

知识小结 ●●●●●●●●●

　　文学和科学是伊斯兰文化的重要组成部分，其为伊斯兰文化的传播与传承奠定了重要的基础。

　　伊斯兰文学的成就主要体现在诗歌、散文等方面，经典著作有《古兰经》。伊斯兰科学上的成就主要体现在天文学、数学和医学上，其中涌现出不少领军人物和代表著作。

第四节　艺术与建筑

　　形式多样、丰富多彩的艺术和科学文化等一起构成了人类文明。伊斯兰艺术家们抛开外在限制，潜心创作，在绘画、音乐、建筑等领域都留下了不朽的成就。独特而璀璨的伊斯兰艺术向世人展现了一个神秘、精巧的世界，体现出独有的伊斯兰精神与情怀。

一、伊斯兰绘画艺术

　　近些年来，不断有考古学家在耶路撒冷的旧城区发现极具风格的千年前的马赛克画，这种绘画形式堪称是伊斯兰艺术瑰宝。耶路撒冷城中历史悠久的圆顶寺内壁上镶嵌的一幅幅彩色玻璃马赛克画，给人们留下了深刻的印象。在伊斯兰画家笔下，植物的枝叶、花朵、果实以及花瓶和几何图案反复出现，人像却绝少出现，这是伊斯兰绘画艺术的特点之一。

　　8世纪末、9世纪初，在阿拔斯王朝的统治下，阿拉伯半岛迎来了文学、艺术的繁盛时期。在这一时期，阿拉伯宫廷生活画和插图画也很盛行。宫廷生活画主要反映了王室成员和上流社会的日常生活场景，这些画作大多精美异常、引人入胜。而插图画一般是彩色的，主要出现在阿拉伯的各种书籍中，画作主题不一、笔触细腻、富于幻想，带有抽象色彩。

伊斯兰图案装饰艺术

　　由伊斯兰绘画所衍生出的图案装饰艺术影响深远。用来做装饰的艺术图案大致可分为三类，一类是植物图案，这一类的装饰图案虽然给人繁复的视觉感受，但大体上很是对称、规整，在阿拉伯传统服饰、日用品和典型的伊斯兰建筑上经常能看到这种装饰图案；一类是几何图形，常见的有圆形、菱形等；一类是运用阿拉伯数字做花边装饰。[1] 比如，伊斯兰教经典《古兰经》的装饰以花叶几何图案为主，展现了伊斯兰绘画艺术的特点。

---

[1]　王广大. 试论阿拉伯伊斯兰艺术的特征 ［J］. 世界民族，2003（3）：66.

二、伊斯兰建筑风格

伊斯兰的建筑风格独特，最突出的代表是清真寺。不同时代、不同地区的清真寺虽然各有其特点，但都不同程度地反映了伊斯兰教的宗教精神和文化内涵。

清真寺一般都是圆顶寺，代表苍穹。寺内有宣礼塔、供信徒们净身沐浴的蓄水池、装饰华丽的为信徒们指明麦加方向的米哈拉卜以及讲经坛等。一般情况下，清真寺坐落于四方形或长方形套院的中央，寺内遍布装饰图案（绝大部分是植物图案、几何图形及阿拉伯数字图案），给人壮美华丽的视觉印象。

耶路撒冷金顶清真寺

阿布扎比大清真寺

知 识 小 结 ••••••••

伊斯兰绘画艺术和建筑艺术风格独特，在表现方式、形制等方面都具有明显的伊斯兰宗教文化的特征。其绘画富于幻想、带有抽象色彩，建筑风格则集中体现在清真寺的结构和装饰上，对欧洲的绘画和建筑艺术的发展都产生了深远的影响。

回顾与延伸

　　中世纪早期，随着伊斯兰教的创立，一个横跨亚洲、欧洲、非洲的大帝国迅速崛起，常年战乱的阿拉伯半岛实现了统一，岛上及其周边地区、国家亦发生了翻天覆地的变化，突出的表现在于伊斯兰文化的形成与发展，伊斯兰文化对世界文化格局的影响绵延至今。

　　伊斯兰文化以宗教学为核心，在多民族文化的交流、融合与创新的基础上得以发展。经历了最初的启蒙阶段后，伊斯兰文化迎来了繁盛期。在启蒙阶段时期，伊斯兰的诗歌及散文创作盛行一时，独特的建筑风格亦初步形成。到了繁盛阶段，伊斯兰文化在文学、科学、艺术、医学等领域都涌现出大量的人才，硕果累累，而伊斯兰文化区的人们的社会生活也表现出多样化的特征。

　　在伊斯兰文化发展的鼎盛阶段，当时的人们对于知识、人才的尊重及崇尚科学、大力发展科技、研究宇宙自然的态度尤其值得今人去学习与借鉴。而在具体的实践方面，伊斯兰文化强调要将实践与信仰融为一体，这也体现了其独特的文化价值和对当今人们的指导意义。

第十章

中华文化

中华文化，亦称华夏文化，是中华民族在长期的历史发展过程中形成的，并不断传承发展的中华民族特有的文化。中华文化具有悠久的历史，且底蕴深厚、体系庞大、内容丰富，是全世界优秀文化的重要组成部分。

在世界范围内，中华文化是唯一从诞生之后就没有中断发展的文化。在漫长的人类历史发展进程中，中华文化以中原地区为基础，创建了灿烂的农耕文明，在此基础上，古老的东方语言与文字相继产生，随后，东方哲学思想与宗教文化、文学与史学、艺术与建筑、科学技术、风土人情等，共同构成了中华大地上特有的中华民族文化。

认识和理解中华文化，了解中国人民的伟大创造，感受独具魅力的东方特色文化。

【文化要点】

❋ 了解中华文化的形成动因和精神内核。

❋ 掌握中国语言和汉字的特点。

❋ 认识中国传统哲学思想与宗教文化。

❋ 深入理解中国文学与社会发展历史。

❋ 赏析中华多彩艺术，领略中国特色建筑风采。

❋ 了解中国古代传统科学技术的发展。

❋ 认识和感受具有地方和民族特色的中华文化。

第一节　中华文化的形成与精神内核

中华文化的历史源远流长，并取得了辉煌的成就。中华文化是在中华民族的历史发展过程中形成的文化。

一、中华文化的形成

（一）中华文化的源头

石器时代，生产力落后，人类社会处于茹毛饮血、择穴而居的原始阶段。为了获得良好的生存和生活条件，早期人类学会了制造工具，如石斧、石镰、骨针等，其中，以石制工具最多，故这一时代被称为石器时代。

中国古代很多神话中有对远古时代文明的描述，如燧人氏钻木取火、有巢氏构木为巢、神农尝百草、大禹治水、仓颉造字等，这些远古神话是中华民族早期文明发展的大胆推测，被视为中华民族的文化源头。

古代青铜器

公元前 21 世纪，夏朝建立，标志着中国正式进入文明社会（史称这一时期为"青铜时代"）。[①] 在经历了夏、商、周的文化探索之后，秦朝时期，中原地区实现大一统，自此，一个灿烂辉煌的中国屹立于世界的东方。

（二）中华文化形成的主要动因

中国是一个地域辽阔、地貌丰富、地形多样的国家，这样的地理环境对人群的分布和生活、生产方式有重要的影响，是中华文化多元共生的重要基础。

---

① 祝令建．世界文化概论［M］．济南：齐鲁书社，2016：31．

1. 中华文化形成的自然地理动因

从整体地理位置来看，中国位于北半球，大部分地区处于暖温带和亚热带，季风气候明显。这样的地理环境十分适合动植物和农作物的生长，为人类的产生和人类文化的发展奠定了良好的自然地理条件。

在中华大地上，中国不同地域的生产发展呈现出鲜明的、独具特色的地域性特征，大体包括农耕文明与草原文明。在农耕文明中，各地呈现出文明发展的多元性，具体分布在中原、燕赵、齐鲁、巴蜀等地区。草原文明则主要分布在中国西北地区，这里的人们过着逐水草而居的游牧生活。

中原地区是中国农耕文明的中心地带，也被视为中国文明形成与发展的中心。具体来说，中原地区，概指黄河中下游的黄土高原、关中平原以及华北平原，这里水系丰富，土壤肥沃，为农作物的生长提供了良好的水土条件，在此基础上中原地区形成了自给自足的自然经济，居住在这里的人们勤恳耕作，代代相传，创造了灿烂的农业文明。

中国西北草原、大漠地区，生活着许多游牧民族，他们在固定的草场内以部落迁徙的方式逐水草而居，中国古代的猃狁、匈奴、鲜卑、突厥、回鹘、契丹、女真等少数民族都在不同的历史时期创造了灿烂的草原文明。

在中国不同的历史时期，不同地区、不同民族之间的冲突和融合，也促进了中华文化的不断丰富、发展。

在农耕文明和草原文明发展的过程中，中原文化不断向南推进，大量的农业人群向南迁移，与南方的农耕人群聚居，同时，随着不同朝代南北交通的不断发展，以及南北生产资料交换的需求，中国南北方的文化交流日益增多；与此同时，草原文明内部的更迭、发展也在同步发生，在中华大地上形成了各地区、各民族统一发展、各具特色的农耕文化发展空间。

在不同历史时期，草原文明与农耕文明的碰撞、交流，为中华文化的大一统、大融合创造了客观条件。

2. 中华文化形成的社会经济动因

"禹传子，家天下"，夏朝建立，私有制产生，中国社会进入奴隶社会，从夏朝开始，"家天下"的社会思想开始形成，并在此后影响了数千年。

西周时期，"普天之下，莫非王土，率土之滨，莫非王臣"（《诗经·小雅·谷风之什·北山》），为了维护政治统治，在社会意识形态领域实行了大规模的礼乐整理和教化，这一时期，是中国礼乐文化的形成时期。

春秋战国时期，周王朝式微，礼乐崩塌，兴诸子百家，至秦朝第一次实现民族大一统，中国进入封建社会，建立了中央集权制和郡县制，此后，中国社会形成了"君君、臣臣、父父、子子"的宗法思想与制度，儒家思想在这一宗法思想中发挥着重要的指导作用。在这样的宗法制度和思想下，中华文化具有了重礼重义、集体主义的特点。

二、中华文化的精神内核

（一）道法自然、天人合一

"道法自然、天人合一"是中华文明内在的生存理念，也是中华文化的重要精神内核。

老子在《道德经·第二十五章》中说"人法地，地法天，天法道，道法自然"，指出了人与自然的关系，人应该尊重自然万物的发展规律，不能违背自然规律行事。

"天人合一"是中国古代具有代表性的传统哲学思想，"天"是指天道、自然，天人合一是对人与自然和谐共处关系的高度概括。人要尊重自然的发展，在此基础上谋求自身的发展，并力求实现人的发展与自然发展的和谐统一。

自古以来，中国人对自然都是非常敬畏和尊重的，从远古时期的图腾文化中，可以推断出早期人类对自然的探索和敬畏，在当时生产力极其低下的条件下，受认知水平的影响，人们渴望认识自然、获得大自然的馈赠和庇佑，对自然现象和事物心存敬畏，于是产生了原始宗教和图腾，通过开展宗教祭祀和图腾崇拜来祈求风调雨顺、无病无灾。

《易经》中记载："立天之道曰阴与阳，立地之道曰柔与刚，立人之道曰仁与义。"天、地、人，三者各有其道，又相互依存，不能破坏自然万物的发展规律，应顺应自然规律发展。

《论语·阳货》中说"四时行焉，百物生焉"，意思是说，四季轮回、万物生长，自然万物发展的规律不会因为任何事情、任何人而发生改变。

中华文化中对自然的尊重和保护自古以来是一脉相承的，在农耕文明下，中华儿女顺应自然发展规律，"日出而作、日落而息"，总结出二十四节气和七十二候，根据自然气候、自然地理环境的变化"春播、夏长、秋收、冬藏"，逐渐创造出丰富的物质文明，并在此基础上创造出令人瞩目的精神文明。"道法自然、天人合一"也成为中华文化的重要精神内核。

（二）以和为贵，以人为本

西周时期的史伯是中国历史上第一个对"和"进行理论阐述的思想家，他认为，和是指不同事物具有同一性，但并不完全相同。

在中华文化体系中，从不同个体的思想观点、为人处事作风，再到不同地区和国家的民俗民风、生产方式、社会制度等的不同，都是客观存在的，不同个体之间的交流、不同文化形态的交流，都应以和为贵，彼此吸收对方优秀的内容，进而提高自己的德行、丰富自身的文化内涵。

此外，在中国古代的哲学思想中，人在"天、地、人"三者中具有非常重要的地位。宋明理学提倡人本主义，反对灵魂不灭，否认鬼神，强调人的主体性，肯定人的精神价值和主观能动性。[①]

儒家仁爱思想中也多次提到"人"的重要地位，具体是指"民"，孟子说"民为贵，社稷次之，君为轻"（《孟子》），指的就是要行仁政，君要爱民，以民为本。

中国传统文化中的以人为本思想主要体现在道德层面，强调个体的自我道德修养，发挥主观能动性，把人放在"君臣、父子、夫妇、兄弟"以及社会关系中，强调个人在道德修养和家庭伦理以及社会关系中应尽的义务。

---

① 教育部高教司组编：张岱年，方克立主编 . 中国文化概论［M］. 北京：北京师范大学出版社，2004：277.

"和"的丰富内涵

中华文化中的"和"并非单一内涵，而是包括诸多方面的内容和文化内涵，通过阅读古典文献可以了解关于"和"的具体内容，这里简单列举如下。

观点"和"——"君子和而不同，小人同而不和"（《论语·子路》）。

政见"和"——"政平而不干"（《左传·昭公二十年·晏子对齐侯问》）。

民"和"——"天时不如地利，地利不如人和"（《孟子·公孙丑下》）。

自然"和"——"万物并育而不相害，道并行而不相悖"（《中庸·第三十章》）。

（三）包容开放、刚健有为

从社会文化发展规律的角度来看，中华文化根植于农耕文明，与同时期周边其他地区的文明相比，具有相对自给自足、更加先进的特点，而正是这两个特点，使得中华文化能够保证自身文化的稳定和自信，能在面对周边文化和其他国家文化时做到包容开放，实现文化的传播和对外来优秀文化的接受。

中华民族自古就是一个具有刚健有为精神的民族，这不仅体现在个人为了实现个人理想和政治抱负的追求上，更体现在中华儿女的家族荣誉感、社会责任感上。

举例来说，"三军可夺帅也，匹夫不可夺志也"（《论语·子罕》）是对个人气节的描述，"天行健，君子以自强不息"（《周易》）是对个人意志精神的论述，司马迁在《史记》中对古人刚毅不屈的气节和行为进行了毫不吝啬的称赞："盖西伯拘而演《周易》；仲尼厄而作《春秋》；屈原放逐，乃赋《离骚》；左丘失明，厥有《国语》；孙子膑脚，《兵法》修列；不韦迁蜀，世传《吕览》；韩非囚秦，《说难》《孤愤》；《诗》三百篇，大底圣贤发愤之所为作也。"

包容开放、刚健有为的民族精神内核，促使中华民族能在保证自身主体性的基础上，不断传承、奋发、自强不息。

（四）革故鼎新、与时俱进

任何文化的进步都离不开改革、创新，中华文化也不例外。

在中国历史上，最早具有影响意义的改革便是战国时期赵国赵武灵王推行的"胡服骑射"，这是一次重要的军事改革，也是一次举国范围的文化改革，也正是这次改革让赵国国力迅速提升，成为当时的实力强国。

进入封建社会，在各个历史朝代都有革故鼎新、与时俱进的历史事件，如商鞅变法（变革奴隶制为封建制度）、王安石变法（实现富国强兵）、戊戌变法（变革社会制度，将封建制度的中国变革为资本主义制度的中国）、洋务运动（师夷长技以制夷）、五四运动（思想解放）等，这些都表明了中国人求变革、谋发展的民族精神，都是不同时期的中国人在兴衰存亡中的反思和行动。

客观地看待历史，批判性地传承、发展文化，使得中华文化得以传承千年，始终散发顽强的生命活力。

知 识 小 结 ·········●●●●●

　　中华文化源远流长、博大精深，中华文化的形成和发展具有其客观存在的自然、社会动因。地域广阔的中国疆土是中华文化赖以生存的重要基础。

　　中华文化传承千年不曾中断，与中华民族的精神内核有着密不可分的联系，了解和认识中华文化的精神内核对于中华儿女建立民族自豪感和自信心有重要的帮助作用，同时，对中华文化现阶段的发展和未来发展具有重要的启示意义。

第二节　语言与汉字

　　中华文化博大精深，这在语言和文字上有着鲜明的体现。汉语和汉字，作为中国的通用语言和文字，是在漫长的历史发展中形成的，也对中华民族的发展做出了巨大贡献。

一、中国通用语言——汉语

　　中华民族是一个多民族、多语言、多方言的国家，汉语是中国各地区和民族的通用语言。

　　汉语的语音、语义、语法、词汇，是在历史发展进程中不断丰富积累的。如从早期人类社会开始，随着人们接触的事物和现象不断增多，会不断出现很多新造词；古文中某一个字词在一段时间内经常用在某特定语境下便为这个词语赋予了新的词义语义；随着各地区语言文化的交流，有很多外来的词汇也会不断补充到原有的汉语体系中，使得汉语词语种类和数量更加丰富。

　　在汉语体系内容的增加过程中有一个规律便是，在历代思想文

292

化变革时期（如先秦百家争鸣时期、近代洋务运动时期）、民族大融合时期（如秦汉时期、隋唐时期、明清时期），中国各地区、各民族之间文化交流频繁，同时，中国与国外文化的交流也增多，汉语词汇也因此更有机会得到丰富。

从语言学角度来看，汉语具有以下特点。

第一，汉语语音变化具有由繁入简的系统性，各地区的方言音调具有变化性。

汉语从古发展至今，声母和韵母系统是不断简化发展的，据统计，汉语声母在秦汉、隋唐时期有 33 个，后来不断减少到 20 余个，到了现代，汉语普通话中有 21 个声母。汉语韵母在先秦时期有 151 个；隋唐时期有 113 个；到明清时期有 40 个；到现代，汉语普通话中有 39 个韵母。[①]

汉语声韵母的变化往往是统一的，简单来说，在一个词语的汉语发音中，声母和韵母的变化是联系在一起的，声母会因为韵母的不同而发生变化，韵母也会因为声母发音的不同而发生改变，最后才发展成为现代汉语中的汉字拼音字母组合。

在汉语中，同一个字词在不同的地区的发音可能会发生变化，即发方言音，这一点在现代汉语和地方方言中依然存在。

第二，汉语词汇发展的派生性。

在中国古代汉语中，尤其是文言文中，单音节词居多；在现代汉语中，双音节词居多，也有多音节词。例如，日——太阳、月——月亮、目——眼睛、冠——帽子、再——第二次、两次。

---

① 教育部高教司组编：张岱年，方克立主编．中国文化概论［M］．北京：北京师范大学出版社，2004：109.

二、汉字

（一）汉字的发展历史

在中国古代神话传说中有仓颉造字的传说，据考古发现，今天人们所能见到的最古老的汉字是甲骨文（在龟甲和兽骨上镌刻的文字）。

从殷商到魏晋，中国汉字的书写形式几经变化，主要有金文、篆书、隶书、楷书、草书、行书、宋体等。其中，宋体是在印刷术出现以后，为了抵抗刻版磨损，人们着意加粗仿宋体竖线和笔画端点而形成的一种字体，这一字体流传极为广泛。

甲骨文

（二）汉字的特点

1. 字形方正

汉字，被誉为"方块字"，字形方正是中国汉字最显著的一个特点。方正的汉字书写起来字形工整庄重、大小一致、排列整齐，非常美观。

2. 表形与表意相结合

早期的汉字多为象形文字，这符合文字的产生和发展规律，人们最初通过符号来记录，这些符号后来演变成为象形文字，如日、月、云等，都是象形文字。

随着汉字所指代的事物和意思发生变化，一部分汉字由表形字变为表意字（亦有变为表音字的），如在中国象棋的棋子中，有时会出现相同棋子的字体写法不一致的情况，如"砲"和"炮"，这个字体就是"砲"（以石进攻）向"炮"（以火进攻）的转变。

3. 汉字与为人

中国有一句谚语叫作"字如其人"，从侧面说明了中国汉字与中国人为人处世的关系。中国人普遍认为，个人要重视个人道德品质的修养，要堂堂正正做人，一如汉字的方方正正。

知识小结 ••••••••••

　　语言和汉字是一个国家和地区文化的重要特征，是一个国家和地区文化的重要载体。

　　了解中国语言和汉字的发展与特点，有助于对中华文化有更加全面的认识，也能通过这些语言和文字去进一步查证资料、翻阅古籍，去了解更多关于中华文化的知识。

第三节　哲学与宗教

中华文化作为世界原生文化之一，在漫长的历史演变过程中形成了自己的哲学思想和宗教文化，这独具特色的哲学思想和宗教文化也世代影响着中华儿女。

一、传统哲学思想

中国传统哲学思想有着丰富的文化内涵，这与春秋战国时期百家争鸣的历史局面具有非常密切的关系，有很多思想在当时产生并不断发展完善，其影响深远，到现在仍具有哲学启发意义。

（一）朴素的唯物主义

中国古代的哲学思想是朴素的唯物主义的哲学思想，无论是儒家还是道家，都主张以直观、经验为基础去领悟，如"譬诸草木，区以别矣"（《论语·子张》），孟子的"耳目之官不思，而蔽于物，物交物，则引之而已矣。心之官则思，思则得之，不思则不得也"（《孟子·告子上》），"故常'无'，欲以观其妙。常'有'，欲以观其徼"（《道德经·第一章》），都指出要从客观事物本身去认识世界，认识自然规律，进而谈经验、体悟。

古人认为，天地自然是客观存在的，道家讲"道法自然"，万事万物的发展规律不会以人的意志而发生改变，人应顺应自然规律，以求"天人合一"。

以孔孟为代表的儒家思想认为，应远离鬼神，将关注点放在"人"身上，主张重人事而远天道，强调"积极入世""穷则独善其身，达则兼济天下"，此后的董仲舒、范仲淹等儒家学者也发出舍身"济世"的疾呼："圣人之为天下者，兴利也"，"先天下之忧而忧，后天下之乐而乐"。这些思想学说都充分肯定了在天、地、人之间，人的能动性和所能发挥的巨大力量。

（二）中庸思想

"中"，是中正，"庸"，是平常，"中庸"是一种保持客观、公正观点，不走极端的态度。

中庸思想是儒家代表思想，也是中华传统哲学思想的重要内容。孔子认为"质胜文则野，文胜质则史。文质彬彬，然后君子"（《论语·雍也》）。意思是说，质朴超过文采显得粗俗野蛮，文采超质朴显得虚伪浮夸，质朴与文采相得益彰才是君子应该有的表现。中庸是对凡事过犹不及、要把握事物发展的度，为人处世不偏激、言行规范的高度概括。

（三）"和"的思想

中国传统哲学中的"和"的思想包括三个方面的内容，即人与人的和谐、人与自然的和谐、人与社会的和谐。

《论语·学而》中记载"礼之用，和为贵"，指人与人之间的和谐相处之道；《道德经·第三十一章》中说"夫兵者，不祥之器，物或恶之，故有道者不处"，大意是说战争是不祥的，君子不应主张战，而应主张和。

道家思想中，对人与自然的看法非常客观，而且对人与自然的和谐关系有着非常清楚的认识，如老子在《道德经·第二十五章》中说"人法地，地法天，天法道，道法自然"，是对人与自然和谐共处理念的精简概括，对后世有重要影响。《庄子·齐物论》中提到"天地与我并生，而万物与我为一"，强调人与自然的和谐共生、和谐发展。

在春秋战国时期，社会物质资源比较匮乏，孔子曾提出"不患寡而患不均，不患贫而患不安"的思想观点，这对于改善当时动荡的社会现状的政治统治具有积极的意义，对后世和谐社会建设也具有重要的借鉴作用。

（四）整体辩证法

中国传统哲学思想强调整体观，把自然、万物发展看作是一个整体，从整体去认识局部，如把人放在自然中去认识人，进而明白人应与自然和谐相处的哲学道理。

中国哲学具有朴素的辩证法思想，许多哲学家、思想家都运用不同的观点和论述表达了他们的辩证思维，天地万物周而复始、四季轮回，万事万物是相互联系、相互依存的矛盾统一体，这正是古代的整体宇宙观和对宇宙万物的辩证认识。

二、宗教文化

（一）原始宗教

原始社会，由于认知的局限性，人们很难对自然规律和自然现象有清楚准确的认识，于是便产生了早期的巫术，这正是原始宗教中对自然的崇拜。

在中国原始宗教中，还有对祖先和鬼魂的崇拜，人们寄托于通过对祖先的祭拜免除灾病。早期的图腾文化便是对祖先崇拜的重要表现。

（二）道教

道教是中国土生土长的宗教，道教在诞生之初融合了远古鬼魂崇拜、神仙方术和黄老道术。

相传，道教产生于东汉顺帝年间，张陵根据《太平经》造作道书，收信徒，创立道教，又称"五斗米道"；东汉灵帝熹平年间，张角组建教团和"黄巾军"，传播黄老道和《太平经》，称"太平道"。这两个教派是道教早期的组织。

在魏晋南北朝时期，道教有了极大的发展，至唐宋时期，道教的派系之一全真教提倡儒释道三教合一，在当时有较大影响。明清时期，道教衰落。

道教的许多哲学思想在当时和后世文化的发展中具有深远的影响。道教深受道家思想的影响，《道德经》中的很多观点都是道教的重要教义，如"道生一，一生二，二生三，三生万物"，道教追求丹术，重视肉体永生，提出了一系列养生方法，这些方法中有一些有助于祛病延年，但很多方法缺乏科学依据。

道教对中国古代文化的影响是非常深远的。具体表现在以下几个方面。

第一，太极学说、阴阳学说、八卦学说、五行学说与道教渊源甚深，而这些学说对人们认识自然和事物发展有重要的指导和启发作用。

第二，道教的一些修行方法对中国古代医药学的发展有一定的推动作用。唐代著名的医药学家孙思邈著有《备急千金要方》《千金翼方》，其中有不少关于疾病诊断、疾病预防与治疗、制药方法的记载。

第三，道教思想和养生方法对中国传统武术的发展有一定的促进作用。道教重视人体的气息吐纳方法研究，太极拳是一种与道教渊源颇深的健身气功方法，流传至今。

知识拓展

太极学说与太极拳

"太极"一词最早见于《周易·系辞上》，"易有太极，是生两仪"。在这里，"两仪"即阴阳，太极以阴阳衍生万物。

太极之理常用"太极图"解释，在太极图中，阴阳鱼相互环抱，黑为阴，白为阳，阴阳之中再分阴阳，阴中有阳、阳中有阴，意指自然万物不能截然分开，而是相互依存发展。

太极拳以太极学说为理论基础，太极拳家认为，太极是一个整体，这一整体可以看作整个宇宙、整个人，宇宙及人自身内部又分阴阳，太极拳的学练既要重视自身的阴阳协调，又要重视对抗双方攻防的此消彼长，太极拳动作招式圆转连贯，以及动作技法中的你进我退、顺势而为、相互消长都体现了太极之理。

（三）佛教

中国佛教是从古印度传入的。公元前 6 世纪—公元前 5 世纪（中国当时正处于春秋战国时期），乔达摩·悉达多在菩提树下悟道成佛，创建佛教，信徒称其为释迦牟尼。

佛教主张"人生皆苦"，世界万物的发展皆存在因果关系，想要获得解脱就必须找到根源，戒掉"贪、嗔、痴"，强调"四大皆空"，减少欲望，多行善事，讲究"慈悲为怀"。

东汉时期，佛教传入中国，自此走上了一条佛教本土化的发展道路，佛教不主张"长生不死"和"精神不灭"，但在早期传入中国的很长一段时间内与玄学结合，一方面宣扬"心中无物"和"万事皆空"，另一方面建立在中国传统"灵魂不死"的思想基础上，引导信徒相信"真神""法性"，以"体法"为佛（南北朝时期梁武帝、惠远、竺道生的佛性学说），鼓励众生相信"众生平等""众生有性""众生皆可为尧舜"，要重视修身养性、"顿悟成佛"。

隋唐时期，中国佛教发展至鼎盛时期，这一时期的佛经翻译日渐增多，很多僧人四处讲解佛法，僧人的地位日渐提高。汉传佛经翻译家、唯识宗创始人玄奘西行求法，归国后受唐太宗召见，在长安宣讲佛法，佛教在这一时期得到了广泛的传播。

　　佛教文化是中国文化的重要组成部分，极大地丰富了中国的哲学思想，同时对中国雕塑艺术、建筑艺术、书画艺术以及文学创作等均具有重要的影响。

知 识 小 结 ·········

　　中国传统哲学思想充分反映了当时人们对自然万物的认识，反映了古人朴素的世界观、辩证法，虽然具有认知方面的历史局限性，但中国传统哲学思想对当时和后世均具有重要而深远的影响，是中国人的宝贵精神财富。

　　道教和佛教是中国重要的两大传统宗教，土生土长的道教与中国古代文化联系紧密；佛教作为中国的一种外来宗教，传入中国后与中国本土文化相融合进一步发展成为中国化的佛教。

第四节　文学与史学

在中华民族几千年的历史中，文学和史学不可谓不辉煌，古代的《诗经》、先秦的散文唐宋的诗词以及各类史学著作就像明珠般在中华大地上熠熠生辉。

一、中国传统文学

（一）庞大的文学体系

中国文学历史悠久、体系庞大、内容丰富，涵盖多种不同的文学体裁，具有代表性的有以下几种。

古代诗歌：以《诗经》为代表，记录了先秦民间丰富多彩的社会生活面貌，不仅具有非常高的文学成就，也是后世了解当时百姓生活非常重要的一面镜子。

先秦散文：先秦散文的诞生正处于春秋战国时期思想开放、百家争鸣的历史阶段，这一时期不同学派的代表人物，如孔子、老子、孟子、韩非子、荀子等创作了大量的散文来表达自己的观点，为后世留下了宝贵的财富。

唐诗宋词：唐诗和宋词是中国文学史上的两颗璀璨的明珠，这与当时良好的政治经济条件有着非常密切的关系。唐宋时期的诗词作品不仅数量多、成就高，而且流派众多、风格各异，在唐宋诗词时代诞生了许多中外闻名的伟大诗人、词人，如李白、杜甫、苏轼、陶渊明等。

元曲杂剧：元代散曲和元杂剧并称"元曲"，是一种集音乐、舞蹈、说白和杂技等多种艺术形式为一体的综合艺术。这一文学形式和体裁将内容聚焦于当时的社会生活百态，反映了很多社会现实，代表作有《窦娥冤》《西厢记》《赵氏孤儿》等。

明清小说：明清小说，尤其是长篇小说在中国文学史上具有较高的文学成就，中国四大名著《三国演义》《水浒传》《西游记》《红楼梦》皆是这一时期的代表作。

（二）中国文学在中国文化中的地位

单从文学的角度来说，中国文学在不同的历史时期创造了不同的文学成就，而且是后世难以超越的成就，许多名品佳作成为后世认识文学、了解文学、研究文学的典范之作，这些经典的文学作品和作品所表达的核心思想影响深远。

中国文学是中国文化的重要组成部分，在中国古代各类典籍中，文学毫无疑问占据着重要地位，中国文学作品不仅数量庞大，而且是中国古代文化思想的重要载体。

二、中国古代史学

从远古先民的结绳记事，到在甲骨上镌刻图画和文字，再到文

305

字产生后的史书编撰，中国古代的统治者大都非常重视对于历史的记录，很多朝代都设有专门的史官。

汉武帝年间，司马迁作《史记》，记载了上古黄帝时代至汉武帝太初四年共3000多年的历史，内容涉及政治、军事、经济、民族、思想及各阶层人物等社会多个层面，开创了纪传体通史的先河。中国历朝历代的正史均称得上是庞大的历史巨作，主要包括《史记》《汉书》《三国志》《隋书》《旧唐书》《新唐书》《宋史》《明史》等二十四史，是历代正统史书。

除了朝廷的史官记录历史、编撰史书，在古代，私家修史也十分盛行，中国古代第一部编年体史书为《春秋》，是孔子以鲁国国史为基础的史学创作。孔子之后，私人撰史广泛流传，如《左传》《国语》《战国策》等，皆为私家修史之作。魏晋南北朝时期，史书门类极为广泛，不仅有地方史、民族史，还有家史、谱牒等；宋元明清时期，在上述各类史体的基础上，更增添了学术史、哲学史、文学史、宗教史、史学批评等方面的著作。

知 识 小 结

文学与史学是中国文化的内容和载体，是中国文化的情感升华与客观见证。中国文学与史学内容丰富、形式多样、学者如林。

了解中国传统文学发展、阅读中国文学作品经典，有助于提高文学修养，理解中国传统民族精神、伦理道德、民族气节。

尊重历史，以史为鉴。这正是了解史学的重要意义。

第五节　艺术与建筑

中华民族拥有丰富多彩的艺术和建筑，它们是构成中华文化的重要部分，散发着迷人的光彩。

一、丰富多彩的艺术

中华民族传统艺术内容丰富、千姿百态，而且每一种艺术形态都具有完善的艺术体系和复杂分类，在中国文化体系中熠熠生辉。这里重点了解以下几种颇具代表性的中华艺术。

（一）书画艺术

1. 中国书法

中国书法博大精深、潇洒飘逸，是中华民族特有的艺术形态。

中国书法是伴随着中国汉字的字形变化而发展的，在不同的历史朝代，书法家对文字的艺术表现形式和书写风格也有较大的区别，但都表现出了书法家的精神气质、学识修养，不同风格的书法作品也给人以美的艺术享受。

概括来说，先秦书法讲究字体的对称美、章法美；秦朝统一六国，统一文字为小篆，从著名书法家李斯的书法名作《泰山刻石》可以看出，此时的书法艺术给人以庄重大气之感；魏晋时期承前启后，书法大家辈出，钟繇、王羲之、王献之、王珣等的书法洒脱秀丽，自然流畅，成为后世学习的典范；唐宋思想开放、文人众多，不同字体的书法均有较大的发展，很多文人不仅有脍炙人口、流传后世的作品，他们本身也是大书法家，如李白、苏轼，此外，唐太宗李世民、宋徽宗赵佶也是喜爱书法之人，是当时的书法大家；元明清时期的书法多承袭前朝之风，虽也出现了许多颇有成就的书法家，但与唐宋时期相比，少有突

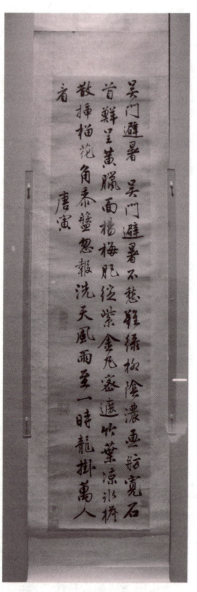

《吴门避暑》诗轴 明代唐寅

破和创新。

2. 中国绘画

中国绘画艺术与西方绘画艺术相比，重视写意而非写实，在绘画作品中，尤其重视对线条、气韵的刻画。

中国画的起源最早可追溯到原始社会人们在洞穴岩壁上的简单绘画，青铜器时代，中国美术审美被淋漓尽致地体现在青铜器的装饰纹样上，如鸟兽纹、云雷纹、祥云纹、回纹、鱼纹、蟠螭纹、龙凤纹等，各类纹样不一而足。

云雷纹、祥云纹、云头纹

汉代用于作画的材料众多，壁画、帛画、画像砖、画像石、漆画等，都是当时比较出色的绘画类型。汉代大量的墓室壁画中有诸多人物画像，它们线条流畅、姿态各异、虚实结合，为后来的人物画奠定了深厚的基础。

魏晋以人物绘画居多，各阶层、性别的人物主体均有；唐朝的仕女图对人物表情和衣带的刻画十分细致，这一时期的佛教主题绘画非常多。

宋元流行山水画，画家寄情于山水间，挥墨成画，这一时期的山水画的构图、虚实、远近、整体与细节刻画，成为中国山水画的典范。

敦煌壁画

发展至明清时期，中国绘画题材增多，文人画增多，山水、人物、鸟兽等绘画中融入了许多人文雅趣、情怀和风骨。这一时期，随着西方绘画的传入，中国画写实的画法亦逐渐增多。

（二）戏曲艺术

中国戏曲艺术是中国文化的瑰宝，包含多个不同的剧种，如京剧、豫剧、粤剧、川剧、黄梅戏、河北梆子等，其中，京剧被誉为中国的国剧。

中国戏曲是一门集音乐、文学、舞蹈、武术、美术等为一体的综合性舞台艺术，具有程式化的表演方式和丰富多彩的艺术表现形式，如唱、念、做、打。

中国戏曲起源于原始歌舞，广泛吸收汉代百戏、唐代参军戏的表演形式，融入宋金诸宫调和元杂剧表演形式，吸收了不同地方戏的内容，融合发展成为一种体系庞大的空间艺术形态。

戏曲的角色有生、旦、净、丑四大行当，高腔、昆腔、梆子腔、皮黄五大声腔系统，有文有武、有说有唱，是世界戏剧艺术史上的一朵瑰丽之花。

中国戏曲表演

不同戏曲代表剧目

京剧代表剧目：《玉堂春》《打渔杀家》《打金枝》《秦香莲》《霸王别姬》《智取威虎山》等。

豫剧代表剧目：《铡美案》《十面埋伏》《红娘》《花木兰》《穆桂英挂帅》《大登殿》等。

粤剧代表剧目：《一捧雪》《五登科》《苏武牧羊》《黛玉葬花》《宝莲灯》等。

川剧代表剧目：《王熙凤》《红梅记》《薛宝钗》等。

黄梅戏代表剧目：《天仙配》《女驸马》《玉堂春》等。

（三）音乐艺术

中国音乐特指中国民族音乐，是中国区别于其他民族、国家和地区的特有的艺术形态。

中国曾侯乙编钟的出土，大大丰富了世界音乐史，这一时期的中国已经具有完整的十二乐音体系，打破了以往音乐界和学术界普遍认为十二律由古希腊传入的说法。

出土于史前华夏先民聚落遗址（位于今河南地区）的贾湖骨笛是迄今为止中国考古发现的最古老的乐器，距今 7800—9000 年，足见中国音乐艺术的历史之久远。

曾侯乙编钟

中国传统音乐根据不同的分类方法可以分为不同类型。

根据音乐流传范围，中国传统音乐可以分为两大类，一类是宫廷音乐，主要在皇宫流行，供宫廷中的帝王和后妃享乐；另一类是民间音乐，主要在民间广泛流行。

根据音乐的表现形式，中国传统音乐可以分为器乐和声乐两大类。前者指中国特色民族乐器，是中国区别于世界其他国家和地区器乐的主要内容；后者主要是说唱艺术，也有人将戏剧归为中国传统音乐的范畴。

根据音乐功能划分，中国音乐可以分为礼乐（祭祀和宗教所使用的音乐）、宫廷音乐、声乐（民间说唱、俚曲）、独奏器乐（古筝、琵琶、箜篌、二胡、唢呐、笛、萧等）四大部分。

（四）雕塑艺术

中国雕塑艺术最早可以追溯到中国青铜时代，出土的青铜器上有很多雕刻精美的纹饰。

中国雕塑艺术门类众多，根据不同分类方法可以将中国雕塑分为不同的经典类型。

根据性质和功能划分，中国雕塑艺术主要有陵墓雕塑、宗教雕塑、建筑雕塑等。在中国考古历史上，有许多皇陵中都出现了大量的陵墓雕塑，包括陵墓外的神道雕塑，在墓穴中也有大量雕塑出土；宗教雕塑主要以佛教雕塑为主，在中国的云冈石窟、龙门石窟中有大量体型庞大、雕刻精美的佛教雕塑，在当时和现在看来都是一项庞大的工程；中国建筑雕塑集中表现在明清木质结构的建筑中，古人雕梁画栋，创造了令世人惊叹的建筑雕塑艺术。

汉代长信宫灯（青铜雕塑）

从雕塑所用材质划分，主要包括泥塑、陶瓷雕塑、石雕、木雕、玉雕、金属雕塑等。中国陶俑彩塑、建筑雕刻、宗教雕刻等在世界雕塑史上具有非常辉煌的艺术成就。

唐三彩骆驼载乐俑（陶土雕塑）

二、种类多样的建筑

中国建筑在世界建筑中具有非常瞩目的成就，中国古代建筑大体可以分为五大类：宫殿建筑、陵墓建筑、寺庙建筑、园林建筑、民居建筑。

（一）宫殿建筑

中国宫殿建筑历来都表现出恢宏大气之风，颇具帝王之威严和皇家气派。

中国古代宫殿建筑艺术之高超令世人惊叹，其不仅创造了非常

315

高超的建筑工艺，而且能做到在建筑体数量多、体量大（并非单纯追求大，而是讲究建筑有宏伟之气）的基础上，考究不同建筑构件的用材用料与装饰，注重每一个建筑构件的安置、装饰、描绘，倾尽匠心。

在建筑布局上，中国宫殿建筑大都采用对称式的结构布局，建筑主体和建筑群一般位于中轴线上或沿中轴线左右排列整齐，在方位上坐北朝南，非常讲究风水学，而且建筑排水系统也做得非常到位，给现代建筑以许多启发。

北京故宫太和殿

（二）陵墓建筑

中国陵墓建筑多为皇陵建筑，古代帝王希望死后依然能够享受生前的荣华富贵，于是大都非常注重自己的陵墓建造。

大型的皇陵设有神道，神道两侧有人、兽雕塑，另设有墓碑概述帝王生平。在皇陵的地宫之中，往往有多道宫门，地宫建筑面积较大、向地下纵深较深，在建筑风格上秉承宫殿建筑风格，呈现出庄重、威严的风格特点。

（三）寺庙建筑

中国寺庙建筑在建筑形式上与宫殿建筑、陵墓建筑一样，要求有肃穆之感，强调整体对称，只是建筑装饰不同。

中国寺庙建筑讲究室内空间与室外空间的相互转化，有亦虚亦实、亦动亦滞的通透感。

洛阳白马寺、大同悬空寺是中国古代寺庙建筑中的典型代表。

（四）园林建筑

中国园林建筑是中国建筑的伟大创造，其充分体现了中国传统哲学思想"天人合一"的理念，融合亭台楼阁、轩榭廊舫、山水花木，强调空间转换、曲径通幽、柳暗花明，凸显出虚实结合、动静结合、一步一景的特点，是非常精美的空间建筑艺术。

苏州园林网师园

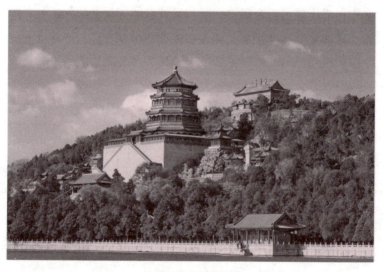

皇家园林颐和园

（五）民居建筑

中国民居建筑表现出鲜明的地域特色，不同地域的建筑风格不同，表现出各地人们高超的建筑智慧。

简单来说，中国北方民居有大家风范、工整朴实，如北京四合院、山西大院、陕北窑洞等；中国南方民居与北方民居相比具有小巧精致、风景秀丽的特点；中国少数民族聚集地区的民居充分结合当地自然地理条件与民族装饰，颇具地方建筑特色和民族建筑特色。

山西大院

福建客家土楼

知 识 小 结

　　中国书画、戏曲、音乐、雕塑以及建筑艺术，是中国文化的瑰宝，也是世界优秀文化的组成部分。

　　认识中国多彩艺术，有利于认识中国文化内容的丰富和绚丽多姿，这些不同形态的文化是整个中华民族和整个人类的宝贵遗产，应该受到关注和保护。

第六节　科学技术

中国科学技术发展历史源远流长，所创造的科学技术成就更是在很长一段时间内都居于世界领先地位，推动了世界文明的发展。

一、中国古代科技成就

中国古代在天文历法、数学、中医药学、农业生产、冶炼与制造工艺方面均具有较高的成就，极大地促进了中国文明的进步。

（一）天文、历法、地理

据文献考证，在两千多年前的西汉时期，中国已经出现了有关太阳黑子活动的记录："日出黄，有黑气大如钱，居日中央。"（《汉书·五行志》）说明在这一时期，人们就开始观测并记录天文现象了，这比欧洲关于太阳黑子的最早记录要早 800 多年。

中国人在古代对天文的观测和记录还包括彗星、新星、超新星、日月食、星宿、恒星等。

考古学者曾在中国殷商时期（距今约3000年）的甲骨文中发现有关新星、日食的记载。相传在中国上古时期人们就使用浑仪测量天体，元代天文学家郭守敬发明简仪测量天体，领先世界300余年；中国唐代天文学家一行和尚对恒星移动的观测比欧洲早近1000年，此外，一行和尚还通过在全国多个不同地方设置观测点的方法来测量子午线，这一方法不仅领先世界，而且非常科学。

中国自古便是一个农业文明古国，在农业历法方面也有较高的成就。中国使用的十天干和十二地支相结合的日期计算方法是人类历法的开端，南宋杨忠辅对一年的天数计算精确到了365.2425天（《统天历》），元代郭守敬创编《授时历》，精确地计算了地球绕太阳公转一周的时间，与现代天文计算的实际时间仅相差26秒。这些都代表了当时中国历法的先进水平。

中国古代在地理地质学方面也具有重要研究，汉朝东汉科学家张衡创造地动仪，据说能根据地震波预测地震的方位；明代地理学家徐霞客根据30年实地考察撰写地理名著《徐霞客游记》，记录中国各地地理地貌、人文、交通，为后世地理研究提供了翔实的资料。

浑仪

地动（震）仪

（二）数学

十进位值制是中国古代数学的卓越贡献，商代甲骨文中有一至十、百、千、万的文字记载，与现行阿拉伯数字仅符号不同，意义完全一致。

《九章算术》（张苍、耿寿昌撰写，成于公元 1 世纪左右）是中国古代重要的数学专著，书中使用勾股定理来测量物体的面积和体积，并运用开平方、开立方求解方程式，更提出了负数的概念和计算方法。

魏晋南北朝时期的数学家祖冲之将 π 的真值精确到小数点后 7 位数，确定在 3.1415926 与 3.1415927 之间，领先世界 1000 余年。

宋代时期，中国数学发展进入辉煌时期，求高次方程的数值解（贾宪，《黄帝九章算法细草》），一次同余式解法、高次方程的求正根法（秦九韶，《数学九章》），一元高次方程计算（李冶，《测圆海镜》）分别早于欧洲国家大约 400 年、500 年、300 年。

（三）医药学

目前，现代西医代表了世界医学的先进水平。在中国古代，中国传统中医学及中药学曾一度在医学方面领先世界，在现今仍有广泛和深远的影响。

中医药学的成就主要集中体现在以下几个方面。

第一，对人体健康的综合认识。中医认为，人体健康不只局限于生理上的健康，而应是生理健康、精神（心理）健康、社会健康的统一，并强调人与自然的和谐统一，这与中国传统哲学"天人合一"的思想观点是一致的，主张"日出而作，日落而息"，在养生方面要注重"春生、夏长、秋收、冬藏"。

第二，临床诊断的学科细分。中医临床分内、外、妇、儿等不同学科，不同人群看病有相对应的学科大夫。

第三，科学的临床诊断方法。中医有"望、闻、问、切"四个基本诊断方法来诊断病人的病情，以此来判断病人的病症，各诊断方法相互佐证，具有科学性。

第四，中草药和食物相生相克学说。中医对中草药的应用是非常精深的，通过对不同病症的判断，施以不同药性的中草药，以合理的计量搭配，或熬制内服或外敷涂抹，以达到"对症下药""药到病除"的效果。

第五，中医针灸。中医针灸是中医的伟大发明，早在秦汉时期就远传朝鲜、日本等国，在现代医学中也有广泛的应用。

与西医相比，中医操作简便，强调治标治本，而且副作用小，是世界医学的重要组成部分。

知识拓展

"望、闻、问、切"

"望、闻、问、切"，是中医诊断的四个基本方法，简称"四诊法"。各诊断方法具体内容如下。

望——通过观察病患的脸色、病症部位和身体相关部位的形态、结构的情况，来对病患的病情做出判断。

闻——通过听觉判断病患的声音异常、通过嗅觉判断病患的病症部位气味异常。

问——通过询问病患病情发生的原因、经过、时间长短等来了解病患的疾病情况。

切——通过把脉了解病患的脏腑和周身气血的运行情况。

中医在诊断病患病情时，四诊合参，由此可以充分了解病患的身体和疾病的发展情况。

（四）生产制造

中国传统的生产制造技术是比较发达的，中国古代的青铜冶铸技术、铸铁技术、炒钢技术、瓷器烧造技术等制造工艺复杂、过程烦琐，在当时世界范围内处于领先水平。

纯铜的硬度较差，但中国青铜器埋藏于地下千年，承受多种因素的腐蚀仍保持相当精美的外观和结构，且造型精美、雕刻华丽，足以说明起源于中国殷商时期的青铜冶铸技术的高超。

战国时期的《周礼·考工记》中记载"金有六齐：六分其金而锡居一，谓之钟鼎之齐；五分其金而锡居一，谓之斧斤之齐；四分其金而锡居一，谓之戈戟之齐；三分其金而锡居一，谓之大刃之齐；五分其金而锡居二，谓之削杀矢之齐；金、锡半，谓之鉴燧之齐"，记录了世界最早的、科学的合金配比。

中国古代的铸铁技术和炒钢技术极大地推动了当时中国制造业的发展。汉《太平经》中有对古剑冶炼过程的记载："有急乃后使工师击治石，求其中铁，烧冶之使成水，乃后使良工万锻之，乃成莫耶。"当时剑的制造已经达到可以大规模生产的程度，西晋刘琨"何意百炼刚，化为绕指柔"的诗句则从侧面反映了当时炒钢技术的高超和纯熟。

作为中国制造工艺的代表，陶瓷是中国文化的重要标签，中国制瓷技艺历史悠久，且在相当长的时间内引领世界，目前流传至今的陶瓷不仅品类多、器型多、工艺复杂，而且制作精良，令世人惊叹，是世界工艺制造的重要文化遗产。

另外，中国火药、指南针、造纸术、印刷术的发明对中国乃至世界文明发展做出了极大的贡献。中国火药的发明被用在军事上，是一次重要的武器变革，彻底改变了以往赤身肉搏、短兵相接的军事时代。中国很早就有关于指南针的记载，如春秋战国时期的《吕氏春秋·精通》："慈（磁）石召铁，或引之也"，这一时期，有了最早用于判断方向的"司南"，宋代航海业发达，中国的指南针传到阿拉伯国家，进而传至欧洲，促进了整个世界航海业的发展。东汉蔡伦用树皮、麻等为原料发明了造价较低、利于大量生产的造纸术。继隋代的雕版印刷术之后，宋代毕昇发明活字印刷术，极大地降低了印刷损耗、提升了印刷效率。造纸术和印刷术的发明、传播，将人类文明带入有大量文字记载、传播的时代，是中国文化带给世界的宝贵财富。

二、中国近代科技滞后的原因

中国古代科技曾取得无比辉煌的成就，但是受"重实用、轻理论"的科技思维的影响，中国许多科技发明缺乏完善的理论体系，以至于后世很难有更新的技术突破。再加上明清后期统治阶级的闭关锁国、故步自封的思维禁锢，使中国近代科技进入迟滞发展的阶段。

知识小结 ·······●●●●

中国古代的科学技术曾取得许多伟大的成就，这些成就推动了当时中国文化和世界文化的发展，是中国文化和世界文化的宝贵财富，是整个人类的宝贵文化遗产。

中国近代以后经历了相当长时间的科技发展迟滞时期，这也充分说明没有哪一种科技能不经创新而持续领先世界，世界范围内的任何一种科技，都需要不断研究、创新、交流，只有这样，才能促进一国文化乃至世界文化的不断发展。

第七节　风土人情

　　中国幅员辽阔，不同的地物风貌、民族风情将中华文化的魅力和悠久的历史沉淀展现得淋漓尽致，中国各地的风土人情特色鲜明。在汉语言里，"风土"主要指的是某地的气候、地理环境等；"人情"主要是指某地居民的生活习惯、传统习俗等。

　　了解中国自然地理环境的特点和相关民俗文化，能帮助国人更好地学习中华传统文化、感受中华文化的深厚内涵。

一、中国自然地理环境

　　我国位于亚欧大陆东部，在这片历史悠久的土地上，有着一望无际的平原和草地、辽阔无垠的山川大河、高矮起伏的丘陵、美丽壮阔的高原、数目众多的岛屿等。多种多样的地形地貌孕育了多姿多彩的自然景观和富饶的物产资源。

　　我国土地资源丰富，虽然山区面积在领土总面积中占据着不小的比例，但山地自然条件的垂直分布，却使得土地利用率变高，促进了农、林、牧等多种生产、经营方式的发展。

我国气候自南而北，横跨六大温度带（赤道带、热带、亚热带、暖温带、温带、寒温带），东南沿海降水量丰富，向着西北内陆的方向逐渐减少。复杂多变的气候使得各种农作物都能找到合适的生长环境，亦带来了丰富的动植物资源。同时，我国是世界上拥有最多河流、湖泊的国家之一，水利和水能资源开发的潜力极大。

二、中国特色民俗文化

中国的 56 个民族分布在不同的地区，在漫长的历史长河中，不同民族形成了各自不同的风俗习惯和生活方式，它们一起构成了丰富灿烂的中国民俗文化。

（一）中国民俗文化的主要内容

中国民俗文化内容丰富，形式多样，主要包括民间的风俗习惯、传统节日习俗、民间信仰和艺术等。

民间的风俗习惯主要表现在衣食住行、婚丧嫁娶、人际礼仪等多个方面。拿婚嫁习俗来说，我国各民族的婚姻习俗建立在当地文化与民情的基础上，有着各自的特色，又在发展过程中相互影响、相互交融。中原汉族自秦汉以来，形成了一整套婚嫁程序，大致包括纳彩、问名、纳吉、纳征、请期、亲迎这"六礼"。发展至今，虽然一些程序已不复存在，但仍保留很多过去的痕迹，比如，很多地区的人家在子女定亲之前会选好良辰吉日等。

中国的传统节日在形成之初，是为了强调、纪念岁时风物变化和农业耕作时序的，有学者认为大部分传统节日主要形成于汉魏时期，在两千多年的发展历程中彰显了博大深厚的历史文化内涵。

中国民间有着多种多样的信仰，最典型的是鬼神信仰。比如，一些商家会在正月初五这一天拜财神，在胶东地区流传着农历七月二十二日过财神节的习俗。另外，南方很多地方会在农历七月十四这一天过中元节，也就是俗称的"鬼节"。拿广西南宁来说，到了中元节这天，人们会燃上香烛，用事先准备好的糍粑、烧鸭、水果等贡品去祭祀祖先。

中国的民间艺术亦源远流长，包括民间戏剧艺术、杂技艺术、音乐艺术、雕刻艺术、泥塑艺术、剪刻艺术等。

知识拓展

中国四大传统节日

春节。春节是中国人阖家团圆的日子，作为民俗大节，国人有着丰富多彩的庆祝春节的方式，比如贴对联、贴福字、烧纸、请神、吃饺子、精心准备年夜饭、举行各种聚会等。

清明节。现代人过清明节主要是为了祭拜祖先和逝去的亲人，人们在清明节时常常进行扫墓、踏青等活动。

端午节。又称"端阳节""龙舟节"等，它是拜神祭祖、祈福辟邪的节日。人们在端午节那一天包粽子、吃粽子，将艾草、菖蒲插在门框上，或在室内喷洒雄黄酒等。有的地区还会热火朝天地举行龙舟赛。

中秋节。中秋节也称"仲月节"，那一天月亮光洁圆满，人们会和亲人一起相聚月下，聊天谈心吃月饼，共同欣赏美好的夜色。

（二）中国民俗文化的特征

不同地区的风俗民情都受到当地人文、地理环境的影响，而中国的民俗文化个性独特鲜明，同时不乏人类民俗文化的共性，总体而言，其表现出以下几个特征。

1. 丰富多元

作为一个多民族的国家，中国的民俗文化是建立在各民族的民俗文化的基础上的。有的民族生活在平原内陆，有的民族生活在高山密林，有的民族生活在草原或沙漠……不同的气候和地理环境令不同民族在生产生活方式等方面有着鲜明的差别。

而在文化和宗教信仰上，每个民族也都有着自己的特色。这使得各民族在衣食住行、人际交往等方面截然不同，56 个民族的民俗风情交融在一起，才构成了丰富多元的中华民俗文化。

2. 依托于宗法观念

研究民俗的学者发现，中国民间的风俗习惯受到传统的宗法制度的影响。[①] 拿中国的亲属称谓系统来说，它层级分明、十分严

---

① 陈江. 略论中国传统民俗的基本特点［J］. 烟台大学学报（哲学社会科学版），2000（1）：112.

格，彰显出了一种按照血缘亲疏来划分的等级秩序。在宗法观念的影响下，人们重视传统，膜拜祖先，哪怕在经济高度繁荣的现代社会仍然热衷于过传统节日，乃至修建家庙、定期举办祭祖仪式等。

3. 在稳定传承中不断变迁

中国的民俗文化世代沿袭，比如，很多传统节日发端于中国刚刚进入农耕生活的时候，经过几千年的传承，这些传统节日仍旧保留着当初的一些特点。同时，在历史发展过程中，随着社会生产、生活方式的变化及外来文化的传入，中国的民俗文化又在时时发生着改变，并总会显露出当时的时代特征。

知 识 小 结 •••••••●●●

中国的风土人情极具魅力，它表现在中国独具特色的自然地理环境和丰富厚重的民俗文化这两方面。

中国幅员辽阔、资源丰富，各地区不同的风俗文化的背后是不同的自然气候和地理环境。同时，中国民俗文化主要包括民间的风俗习惯、传统节日习俗、民间信仰和艺术等内容。其具有丰富多元、依托于宗法观念、在稳定传承中不断变迁等特征。

回顾与延伸

　　巍巍华夏，泱泱大国，五千年文化悠久辉煌，如明珠一般熠熠生辉，照耀世界。

　　在幅员辽阔的土地上，中华儿女辛勤劳作着，逐渐形成了具有丰富的精神内核且源远流长、长盛不衰的中华文化。中华文化博大精深，而且在很多地方都有所体现。寓意深刻的汉语与汉字、丰富多彩的艺术和建筑、卓越的科技成果和别具特色的风土人情，处处彰显着中华文化的魅力，令世人为之赞叹。

　　实际上，中华文化的内涵是浩瀚无边的，远不止文中所提及的这些，如果感兴趣，不妨去深入了解和学习一下中华文化，相信定会受益良多。

第十一章
科技文化

在人类历史发展过程中，新的技术的诞生和变革或多或少地会对人类的社会结构、生产生活方式、劳动力组织等产生影响，而工业革命更是推动社会变革、带领人类向前的重要力量。

从 18 世纪中后期开始，人类社会经历了三次工业革命，它们无一例外地促进了生产力的大幅提升、改变了世界的格局，而第四次工业革命也正以不可抵挡的趋势席卷全球。

在新兴科技层出不穷的今天，各民族、国家所面临的挑战日趋激烈，如何消化并吸收过往的科技革命带给我们的积极经验，认识并理解新的技术革命，是当前的重要任务。

【文化要点】

✤ 了解第一次工业革命产生的条件、发生的过程及影响。

✤ 在了解第二次工业革命的主要内容的基础上深入分析其特点及影响。

✤ 对第三次工业革命的概念形成一定的认识，了解其核心技术与特点，探讨其对人类社会的冲击与影响。

✤ 理解第四次工业革命的内涵，分析其特点，并对引领第四次工业革命的关键技术有一定的了解。

第一节　第一次工业革命

第一次工业革命兴起于 18 世纪中后期的英国，作为人类生产技术的一次历史性革命，它的产生使得英国的社会经济系统、产业格局、工业生产方式都发生了巨大的变化，并奠定了资产阶级的社会统治地位，人类从此进入了"蒸汽时代"。

一、第一次工业革命产生的条件

英国是最早进行并首先完成工业革命的国家，在此之前，手工生产是工业生产的主要方式。工业革命之所以首先发生在英国，有其特定的前提条件。

（一）地理优势

英国是典型的岛国，国土面积并不大，而在确立君主立宪制以前，英国是封建专制的农业国家。为什么工业革命会发生于英国？其实，早期工业革命规模较小，正是兴起于英国的小型工厂内。而且，英国地形平缓，境内河流众多，杰出的地理环境造就了其发达的陆地和水上交通，这大大促进了英国国内工业的发展。

（二）制度优势

1688 年，在资产阶级革命获得全面胜利后，英国最终确定了君主立宪制，这为英国国内资本主义的发展和工业革命的产生提供了制度保障。英国资产阶级政权也对本国科技发展给予了足够的政策支持。比如，1624 年，源于中世纪特许制度的《专利法》的出台便有力地推动了工业革命的爆发。

（三）经济优势

在第一次工业革命发生之前，英国已经积累了足够多的物质资源，最典型的是煤铁资源，早在 1789 年，英国煤资源的年产量已达到惊人的 1000 万吨。同时，英国通过圈地运动和殖民扩张积累了巨额财富，这为英国国内当时的生产技术的发展提供了经济支持，丰富的物质保障和领先的经济优势使得英国最先进入了"蒸汽时代"。

工业革命时代的自然科学的进步

16世纪末17世纪初的英国乃至整个欧洲世界，在自然科学方面成就突出。其中的代表人物有弗朗西斯·培根、艾萨克·牛顿、尼古拉·哥白尼、勒内·笛卡尔等。

弗朗西斯·培根不仅是哲学家，也是杰出的科学家，更是现代实验科学的始祖。培根强调"知识就是力量"，对后世产生了深远的影响，其科学著作包括《学术的伟大复兴》《新工具论》等。

艾萨克·牛顿是英国著名的"百科全书式"的科学家，他在数学、物理学等方面都取得了无比杰出的成就，代表著作包括《自然哲学的数学原理》《光学》等。

艾萨克·牛顿

尼古拉·哥白尼提出"太阳中心说"，为现代天文学的发展奠定了理论基础。勒内·笛卡尔发明了解析几何，主张科学家要具有怀疑精神，是当时科学界最有影响力的人物之一。

二、第一次工业革命发生的过程

第一次工业革命是以资产阶级革命胜利为基础的，在封建专制体制退居幕后，资本主义成为社会主导体制的背景下，贸易发展、资本竞争持续推动，为提高生产的效率和质量、降低生产成本提供了新的需求与标准，在这样的条件和背景下，第一次工业革命时代来临了。

（一）"飞梭"的发明与应用

第一次工业革命的兴起首先是从棉纺织业开始的。18 世纪 60 年代开始，英国用于工业的专利发明数量屡创新高。在工业革命开展之前，英国钟表匠约翰·凯伊发明了飞梭。这项发明在很大程度上提高了织布效率，也刺激了市场对于棉纱的需求，并为后续到来的工业革命提供了启发。

（二）"珍妮纺纱机"的问世

纺纱机的发明是工业革命的重要起点。1764 年，织布工哈格里夫斯发明了珍妮纺纱机，在此后的 25 年间棉纺织业的生产效率大大提升。棉纺织业就此成为当时市场上最重要的工业之一。值得一提的是，珍妮纺纱机仅仅是在设计和结构上进行了改良，在动力上仍以人工驱动为基础。

（三）瓦特改良蒸汽机

1765 至 1790 年间，瓦特通过改良，发明了第一台可用于工业用途的蒸汽机，这使得人类工业在很大程度上摆脱了自然动力，并直接促进工业生产模式从分散型转为密集型。改良蒸汽机的诞生是工业革命进程的一项里程碑式发明，此后，工业城市逐渐形成。

三、第一次工业革命的影响

第一次工业革命既革新了生产技术，也改变了社会生产关系。一方面，生产技术的提升使得传统的手工劳动模式被更高效的机器生产模式所替代，让人类能够在大幅提升生产效率的同时解放双手；另一方面，蒸汽机的诞生结束了人类对于传统自然资源如风力、水力的依赖，转而对新的能源如煤矿、石油等产生了需求。

知 识 小 结

第一次工业革命引发了一系列深刻的生产变革和社会变革。依靠得天独厚的地理条件、优越的制度条件和经济条件，英国进行了第一次工业革命，就此转变为一个工业大国。

第一次工业革命的发展大致经历了三个过程，即"飞梭"的发明使用、"珍妮纺纱机"的问世和瓦特改良蒸汽机。第一次工业革命的规模虽然较小，却对后世影响深远。

第二节　第二次工业革命

19世纪末20世纪初，第二次工业革命的浪潮以美国和德国为中心，向其他西方资本主义国家蔓延开来，并促进了资本主义工业化的基本完成。人类告别"蒸汽时代"，就此进入了"电气时代"。

一、第二次工业革命的主要内容和特点

（一）第二次工业革命的主要内容

1. 电力技术的广泛应用

1831年10月，英国著名的物理学家迈克尔·法拉第第一次发现了电磁感应现象，不久后，他发明了人类历史上第一台发电机。其他科学家们在法拉第理论与发明的基础上展开了研究，

随着他们对电的了解越来越深入，相关发明也不断问世。比如，1866 年，德国发明家维尔纳·冯·西门子所创办的公司推出世界上第一台自动式直流发电机。1875 年，英国发明家亚历山大·格拉汉姆·贝尔和其助手一起发明了电话。1879 年，美国发明大王托马斯·阿尔瓦·爱迪生发明了电灯等。

2. 化学工业的崛起

1864 年，在瑞典人阿尔弗雷德·贝恩哈德·诺贝尔的不懈努力下，硝化甘油炸药成功问世，这为化学工业的崛起奠定了基础。而在那之前，有机化学的应用早已不是新鲜事，比如塑料、橡胶、人造燃料的发明与应用。

3. 内燃机的问世

在 19 世纪，瓦特改良的蒸汽机成为工业生产的主要动力，但蒸汽机效率较低且较为笨重。经过发明家们一系列的探索与实践后，内燃机取代了蒸汽机的地位。1876 年，德国的罗斯·奥古斯特·奥托发明了世界上第一台四部冲程内燃机。1885 年，第一辆内燃机汽车诞生。1903 年，第一架装置有内燃机的飞机成功试飞。在这之后，汽车、轮船、火车等的行驶驱动都开始依赖于内燃机。

4. 炼钢技术的革新

革新炼钢技术是第二次工业革命取得的一项重要成果，这一成果大幅提升了炼钢效率，为现代炼钢方法奠定了基础，具有代表性的发明包括"底吹酸性转炉炼钢法""平炉炼钢法"和"碱性转炉炼钢法"等。

（二）第二次工业革命的特点

与第一次工业革命相比，第二次工业革命有着截然不同的发展轨迹，在其推进过程中显露出如下特点。

首先，第一次工业革命的产生，使得近代工厂制度初步形成，在这一阶段，以纺织业为代表的轻工业是促进各国经济发展的主导型产业。而到了第二次工业革命，随着电力技术、炼钢技术等的大规模应用和化学工业的崛起，煤炭、钢铁等重工业在产业结构中所占的比重逐渐超过了传统的轻工业，工业格局就此改变。

其次，在第二次工业革命发展过程中，近代科学不仅起到了指导性作用，甚至走在了生产的前面。自然科学成为技术革新源源不断的动力，拿电磁理论来说，电磁理论的问世使得电力技术有了理论保障，这才有了发电机、电动机，乃至电话、电报等的问世，人类也才因此迈入火车和轮船的世界。从这一点而言，自然科学不仅可以促进生产力的发展，甚至可以直接转变成社会生产力。①

二、第二次工业革命的影响

第二次工业革命的影响遍及人类的政治、经济、生活等方方面面。第一次工业革命是对生产工具"结构与动力"的革命，一方面刺激了人们的物质需求，另一方面丰富了人们的物质生活；第二次工业革命的兴起则标志着电气化时代和钢铁时代的来临，它既是一场动力革命，又是一场通信革命，人们在此基础上发明了汽车、飞

---

① 陈雄．论第二次工业革命的特点［J］．郑州大学学报（哲学社会科学版），1987（5）：36．

机、通信设备等，新兴工业部门亦不断涌现，这进一步提高了人们的生活物质水平，彻底改变了人们的生活方式。

第二次工业革命时期，美国、法国、德国、挪威、瑞典等资本主义国家相继实现了工业化，彻底拉开了资本垄断的序幕。而很多第三世界国家也深受影响，开始了工业化的进程。

知识小结

发电机的制造和应用掀起了第二次工业革命的浪潮，人类社会就此进入工业电气化时代。其主要内容包括电力技术的广泛应用、化学工业的崛起、内燃机的问世、炼钢技术的革新等。

与第一次工业革命相比，第二次工业革命更依赖于自然科学理论的指导，它影响深远，遍及人类社会的方方面面，且使人类社会的产业格局发生了根本性的变化。

第三节　第三次工业革命

　　第三次工业革命发生于二战结束后的美国，其规模巨大，影响深远，以电子计算机、原子能和空间技术等新兴技术的发明与应用为标志，因此又称为新技术革命、第三次科技革命。第三次工业革命的推进使得很多国家的工业结构和生产方式都发生了翻天覆地的变化，人类就此进入智能化和个性化时代。

一、第三次工业革命的提出

　　"第三次工业革命"一词正式出现于 2011 年出版的《第三次工业革命》这本书，作者是美国学者杰里米·里夫金，他在书中预言，经历了 2008 年的金融危机后的世界将会迎来由互联网和新能源为主导的新经济浪潮的冲击。

　　其实，"第三次工业革命"的概念并不新鲜，早在 20 世纪 70 年代初，美国的相关学者便开始了此领域的研究。关于第三次科技革命具体的起讫时间，不同的学者持不同的看法。一些学者认为，二战结束后不久便开启了第三次工业革命，并在 20 世纪 50 年代中期至 20 世纪 70 年代初期发展至顶峰；另一些学者认为，第三次科技革命准确而言发生于 20 世纪 40 至 60 年代。[1]

第三次工业革命首发于美国的原因

第三次工业革命之所以发端于美国，主要有以下几个原因。

第一，美国自然资源丰富，人口众多，市场广博，且在二战中积累了足够的物质财富，丰裕的物质条件孕育了技术革新的契机。

第二，二战后的美国在生产技术方面有着突出的优势，无论是电力技术还是航空技术都处于当时世界一流水准。

第三，很多欧洲科学家在二战前后相继去往美国，最著名的有爱因斯坦、冯·诺伊曼等，不同科学家之间的学术交流变得越来越频繁，这大大促进了美国科技文化的发展。

---

① 于德惠，赵一明. 理性的辉光：科技革命与世界新格局［M］. 长沙：湖南出版社，1992：39.

二、第三次工业革命的核心技术与特点

（一）第三次工业革命的三大标志性技术

第三次工业革命的产生和推进建立在 20 世纪以来新兴技术高速发展的基础上，其标志性技术有以计算机技术、通信技术、传感技术为核心的互联网技术；以绿色能源、再生能源为核心的新能源技术；以 3D 打印、工业机器人等为核心的数字制造技术。[①]

这三类技术在发展的过程中不断融合创新，最终导致世界工业及产业格局发生了巨大的变化，人类社会从此迈入新时期。

（二）第三次工业革命技术发展的特点

1. 生产、制造过程的智能化

第三次工业革命的推进使得现有的社会生产方式发生了本质变化，控制技术、信息技术的快速发展带来了自动化生产的进一步升级与完善，生产系统的自检功能也变得越来越发达。传统工厂向着智能化迈进，在降低制作成本的同时亦提升了安全性。

---

① 孙柏林 . "第三次工业革命"十问 [J] . 自动化博览，2013 (1)：14.

2. 大规模生产转向个性化生产

前两次工业革命的典型特征包括大规模和标准化生产，统一标准的制定大大提升了生产效率，而批量生产则降低了生产成本，在特定的历史时期下，这种生产方式带来了最大化的经济效益。

而第三次工业革命则颠覆了这一传统，由大规模、标准化生产转向个性化、定制化生产。这是因为 20 世纪以来，随着社会的稳定、经济的繁荣，人们的个性化需求变得越来越强烈，而计算机技术的日趋成熟、新材料的诞生与发展等使得个性化产品的研究与生产变得越来越普遍，在保持高效且低成本的前提下，人们的个性化需求普遍得到了满足。

3. 产业边界变得不再清晰

在第三次工业革命推进过程中，不同产业间的边界变得越来越不清晰，呈现出相互融合的趋势。就服务业和制造业领域而言，制造业企业在向客户提供产品的同时，也需提供一整套的服务，这样才能增加客户黏性。这种情况下，服务业和制造业之间的联系也变得紧密起来。①

三、第三次工业革命对人类社会的冲击

相比前两次工业革命，第三次工业革命给人类社会留下了更为深远广泛的影响。

从生产模式的角度来看，第一次工业革命和第二次工业革命是

---

① 孙柏林．"第三次工业革命"十问［J］．自动化博览，2013（1）：15.

对"人力"的解放，第三次工业革命在很大程度上则是对"人脑"的解放。从消耗的能源角度来看，前两次工业革命主要消耗的能源属于不可再生资源，而第三次工业革命则以可持续发展的理念为指导，以可再生资源为基础，引入了包括原子能在内的新型能源。

从第三次工业革命开始，人类的各个学科通过信息化平台得以整合，这从根本上提高了人类对于各种形式的能源的利用和转化效率，人类的生产活动开始走向智能化。拿中国来说，在第三次工业革命推进过程中，我国沿海地区制造业集中的现象得以改善，产业转型成为一种必然的趋势。

知识小结

美国未来学家阿尔文·托夫勒认为第三次工业革命开启了人类的信息文明。如果说第一次和第二次工业革命的重点在于机器的发明及运用机器去代替人的体力劳动，那么第三次工业革命的重点则是工业自动化和智能化的发展。

了解第三次工业革命的核心技术及其对人类社会的影响，能够帮助我们加深对新技术革命的认识，把握国际经济格局的新趋势。

第四节 第四次工业革命

21世纪以来兴起的第四次工业革命成为各国关注的焦点，数字化、人工智能、量子信息科学等新兴概念不断加深着人们对第四次工业革命的认识。

一、第四次工业革命的内涵

2013年，在汉诺威工业博览会上，德国"工业4.0小组"提交了一份以全力发展"工业4.0"为主题的报告，第四次工业革命的内涵逐渐变得清晰起来。① 站在历史发展的角度来分析，在第三次工业革命推进过程中起到重要作用的互联网技术、自动化生产技术等极大地改变了当时的产业格局，而这些技术的进一步发展与完善亦加快了第四次工业革命的到来。

---

① ［印］阿鲁·萨丹拉彻著，周恂译．分享经济的爆发［M］．上海：文汇出版社，2017：196-197.

第四次工业革命是一场崭新的、拥有巨大能量的科技革命，以智能制造与智能工厂为核心，正如克劳斯·施瓦布①所言，在工业4.0时代，虚拟世界和现实世界的联系变得越发紧密，互联网充斥在人类社会的每一个角落，人工智能进一步释放科技能量，人和机器以及周遭其他事物甚至会形成一个无所不包的"万物网"（Internet of Everything），它将彻底颠覆人们以往的生活方式，并大大提升人们的生活水平。

各国对于第四次工业革命的不同理解

全球第四次工业革命的浪潮逐渐兴起，但东西方不同的国家对于第四次工业革命有着各自的理解和定义。德国和大部分欧洲国家都采用"工业4.0"的名称，中国亦受此启发，在这一概念的基础上加入了创新内容，提出"中国制造2025"的口号。

日本认为第四次工业革命的重要内容是构建数字社会和"互联工业"，美国则注重传统制造业的复兴，实行"再工业化"战略。

---

① 克劳斯·施瓦布（Klaus Schwab），著有《第四次工业革命》一书。

二、第四次工业革命的特点

在前三次工业革命的长期蓄力与积累下，第四次工业革命的发生成为历史的必然。第四次工业革命与第三次工业革命联系最为紧密，却又有自身鲜明的特点，其表现在跳跃式的发展速度、深度网络化、多元发展方向等方面。

（一）跨越式的发展速度

在信息爆炸、技术日新月异的今天，第四次工业革命的发展速度是惊人的，不同国家的频繁沟通与合作，人与机器、与周围一切事物的高度互联，以及数字经济的高度繁荣都使得新技术、新业态、新的生产方式和生活方式层出不穷。

（二）全面及深度网络化

在新时代，信息处理技术的蓬勃发展使得人类彻底进入移动互联时代，物联网的概念逐步在现实中落地生根，人机交互变得越来越普遍，物理世界也呈现出全面及深度网络化的趋势。[①]

（三）多元发展方向

在第四次工业革命发生、发展的过程中，新的技术诞生与演

---

① 邓泳红，张其仔. 中国应对第四次工业革命的战略选择［J］. 中州学刊，2015（6）：23-24.

变总会带来崭新的发展方向，比如以生物技术为核心的基因工程的发展，以机器人技术为核心的人工智能的发展，以及可控核聚变技术和量子科技的发展等。多元化的发展方向使得第四次科技革命的影响遍及各行各业，它所引起的是人类社会的系统性变革。

三、引领第四次工业革命的关键技术

在历史发展的不同阶段，技术的革新总会带来新的活力和机遇。而引领第四次工业革命的关键技术有量子计算技术、人工智能、5G 技术等。

（一）量子计算技术

量子计算技术的实施与发展是建立在纠缠的量子态的基础上的，相比传统计算，量子计算在计算速度、信息路径、大数分解等方面有着碾压式的优势。将量子力学效应运用在电子计算机领域，便产生了量子计算机，有学者预言，量子计算机所能迸发出的能量将超越人们的想象，在不远的未来，抢夺"量子霸权"[①] 将成为各国科技发展的重要内容之一。

早在 1981 年，美国物理学家理查德·费曼就提出了量子计算机的概念。到了 1994 年，另一位科学家彼得·秀尔针对量子计算机的离散对数运算进行了多次实验，结果证明，量子计算机拥有惊人的计算速度。在这之后，关于量子计算机的研究一度陷入瓶颈，直到 21 世纪第四次工业革命的浪潮席卷世界，量子计算机的发展

---

① "量子霸权"这一科学术语是由美国物理学家 John Preskill 提出，指的是在量子技术等方面具有无可比拟的优越性。

才正式进入了应用阶段。

量子计算机最鲜明的特点是其惊人的速度，凭借这一点，相关专家甚至可以利用它来重新定义程序和算法，并将其运用在交通管理、航空航天等领域，根据目前的研究来看，这些跨界应用在产生良好效果的同时亦展现出了广阔的前景。

2018 年，德国大众集团（Volkswagen Group）成功研发了一款智能交通管理系统，其计算精准，能第一时间处理通信卫星所采集的海量照片、视频等资料，并在此基础上判断城市的交通状况，预测人们的交通需求，给人们划定最合适的出行时间。而这款智能交通管理系统所运用的便是量子计算技术。

在航空航天领域，欧洲空中客车公司于 2015 年创建了专门的量子计算团队，该团队的研究证明，量子计算能有效解决航空航天工业中的相关问题，尤其在大量数据的处理与存储方面有着得天独厚的优势。2018 年，谷歌在该年的美国物理学会议上宣布，已成功研发了一款新的量子处理器 Bristlecone，在未来，若能将其应用于太空探索，定能帮助人类发现更多的太空奥秘。

（二）人工智能

人工智能是主导第四次工业革命的关键技术之一，它是众多学科结合的产物。科学界对于人工智能的定义存在一定的分歧，定义的多角度与复杂性，也为人工智能深不可测的发展前景埋下了伏笔。从原始的定义角度来说，人工智能是将一定的人类思维构入人工系统，从而使系统具备一定的人类智慧的一项技术。因为人类智慧的复杂与多样性，导致人工智能技术成为几乎所有人类学科的综合应用技术。

人工智能技术的出现，从许多层面弥补了人类智慧能力的短板。比如在速度方面，人工智能技术在思维速度上远远超过人类，这是因为人工智能的载体是计算机，而计算机的数据处理能力远超人脑。相较于人脑，人工智能凭借其思维速度优势，能够在处理同样一个问题的情况下建立更多的数据模型并展开比较分析，并第一时间得出最优方案。比如 2017 年发布的"AlphaGo Zero"系统，通过对庞大数据的计算得出的走棋方案，远远超出了人类棋谱的范畴，最终战胜了人类围棋冠军。

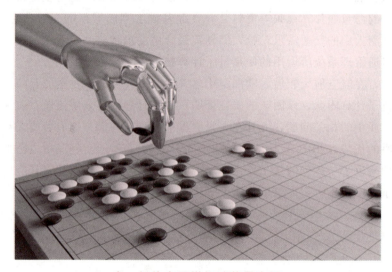

人工智能在围棋领域前景广阔

从"AlphaGo Zero"系统接连战胜世界一流棋手开始，人工智能在围棋领域的应用变成热门话题，近两年，其应用范围也在不断扩大，涵盖了智能指导、复盘分析等诸多方面。

此外，人工智能通过筛选和记忆功能，能够实现对优质方案的保存，这就意味着人工智能技术在一定程度上具有探索与学习功能。而近年来人工智能技术的飞速发展也使得机器人行业成为各国瞩目的焦点，比如工业机器人，21 世纪以来这一产业的发展使得工业自动化的目标成为现实，社会生产的流程也得到优化。

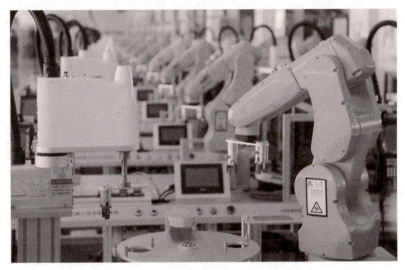

工业机器人

总的来说，人工智能对多学科的综合运用，从根本上颠覆了人类既有的社会生产模式，随着人工智能的产业规模不断扩大，跨学科、多领域技术的综合应用，也将成为人类科学发展与社会发展相互和谐、相互促进的新方向。

（三）5G 网络技术

如今，多种多样的智能化技术的融合创新加速了第四次工业革命的进程，比如 5G 技术与人工智能、大数据、云计算等的互相影响、深度融合就此开启了一个万物互联的新时代。

5G（5th-generation）网络技术指的是第五代移动网络通信技

术，其融合了新旧多种通信技术，在传输速度、存储容量等方面优势突出，是 4G 网络的升级版和加强版。5G 技术能对物联网的发展起到关键性的推动作用，从而更好地满足现代社会的需求。

5G 技术可用于可再生能源领域。近些年来，全球可再生能源发电站建得越来越多，分布式光伏亦发展迅猛，在光伏电站远程诊断、现场监控和信息采集等方面，5G 通信技术都能起到不可替代的作用。2018 年，我国河北省实现了分布式光伏扶贫电站 5G 通信链路的初步连通，相关负责人表示，"大数据中心＋光伏"的未来应用前景一片光明。①

此外，5G 技术还可用于移动远程医疗、虚拟导航、电动汽车等领域。

知 识 小 结 ··············

科学技术是第一生产力，第四次工业革命正在以不可抵挡的态势席卷全球，它不仅促进了互联网技术、生物科学技术和生物物理技术等各种科学技术的融合创新，还超越了技术本身，成为未来世界竞争的重要筹码。可见，深入了解第四次工业革命的内涵与特点，对引领第四次工业革命的关键技术产生一定的认识，无论是对政府、企业还是个人来说都具有重要的意义。

---

① 杨永明. 未来 5G 与能源的深度融合研究［J］. 新能源经贸观察，2018（7）：89.

回顾与延伸

在人类发展的历程中，科技文明好比最耀眼的火炬、最璀璨的星光，一次次为人类的前行照亮了方向。第一次科技革命既革新了生产技术，也使得人类社会的生产关系发生了彻底的改变，人类就此迈入了"蒸汽时代"。第二次科技革命给人们带来了电灯、电话、电车等电气产品，人类就此迈入了"电气时代"。第三次科技革命及延续至今的第四次科技革命的爆发促使人类在全新的智能化和个性化时代大展拳脚，随着新兴技术层出不穷地涌现，人们信心满满地踏上了智能改革和文明转型的征程。

科技进步能推动个体的发展，也会引发社会各层面、各领域的变革与发展，乃至深深影响到国际格局。在全球化科技革命浪潮愈演愈烈、不可逆转的今天，中华民族想要屹立于世界民族之林，就要用更积极的态度去迎接社会变革与挑战，做好信息技术领域的战略布局，把握第四次科技革命的先机，努力取得领先优势。

[1]［印］阿鲁·萨丹拉彻著，周恂译. 分享经济的爆发［M］. 上海：文汇出版社，2017.

[2]［美］爱德华·霍尔著，刘健荣译. 无声的语言［M］. 上海：上海人民出版社，1959.

[3]陈佛松. 世界文化史概要［M］. 武汉：华中科技大学出版社，2001.

[4]陈金海. 再现世界历史. 古希腊文化［M］. 济南：山东科学技术出版社，2017.

[5]陈唯声. 世界文化史（古代部分）［M］. 哈尔滨：哈尔滨工业大学出版社，1994.

[6]董小川. 世界文化史［M］. 北京：高等教育出版社，2002.

[7]杜艳丽. 再现世界历史. 古罗马文化［M］. 济南：山东科学技术出版社，2017.

[8]冯慧娟. 巴比伦文明［M］. 长春：吉林出版集团有限公司，2015.

［9］冯宋彻. 科技革命与世界格局［M］. 北京：北京广播学院出版社，2003.

［10］汉尼希，朱威烈等. 人类早期文明的木乃伊——古埃及文化求实［M］. 杭州：浙江人民出版社，1988.

［11］教育部高教司组编：张岱年，方克立主编. 中国文化概论［M］. 北京：北京师范大学出版社，2004.

［12］李伟智. 正说世界［M］. 北京：中国环境科学出版社，2006.

［13］李伟智. 永恒的伊甸园：巴比伦［M］. 北京：中国环境科学出版社，2006.

［14］刘文龙，袁传伟. 世界文化史（近代卷）［M］. 杭州：浙江人民出版社，1999.

［15］刘增泉. 希腊文化史［M］. 长春：吉林出版集团有限公司，2008.

［16］龙昌黄. 印度文明［M］. 北京：北京出版社，2008.

［17］［英］罗莎莉·戴维著，李晓东译. 探寻古埃及文明［M］. 北京：商务印书馆，2007.

［18］骆文伟. 中国传统文化概论［M］. 北京：清华大学出版社，2019.

［19］蒲幕洲. 法老的国度［M］. 桂林：广西师范大学出版社，2002.

［20］人民教育出版社历史室. 世界文化史［M］. 北京：人民教育出版社，2000.

［21］［美］塞德尔著，徐波译. 探寻欧洲文艺复兴文明［M］. 北京：商务印书馆，2009.

［22］上海师范大学等. 中国自然地理［M］. 北京：人民教育出版社，1979.

［23］师俊华，徐彀. 犹太文化概览［M］. 武汉：武汉大学出

版社，2016.

[24] 王储. 世界文化史教程 [M]. 成都：西南交通大学出版社，2016.

[25] 王飞鸿，崔晟. 世界文化简史 [M]. 长春：吉林大学出版社，2010.

[26] 王衍军. 中国民俗文化 [M]. 广州：暨南大学出版社，2011.

[27] 武立波. 世界宗教十三讲 [M]. 北京：中国物资出版社，2011.

[28] [美] 希提著，马坚译. 阿拉伯通史 [M]. 北京：商务印书馆，1979.

[29] 杨超，紫都. 世界文化史 [M]. 呼和浩特：远方出版社，2005.

[30] 杨俊明，兰奇光. 古罗马文化知识图本 [M]. 广州：广东人民出版社，2004.

[31] 杨俊明，张齐政. 古印度文化知识图本 [M]. 广州：广东人民出版社，2007.

[32] 杨英杰，刘筱筱. 风土人情：民俗与故乡（中国文化二十四品系列图书）[M]. 南京：江苏人民出版社，2017.

[33] 于德惠，赵一明. 理性的辉光：科技革命与世界新格局 [M]. 长沙：湖南出版社，1992.

[34] [英] 约翰·斯道雷著，常江译. 文化理论与大众文化导论 [M]. 北京：北京大学出版社，2010.

[35] 张广智，黄洋，赵立行. 世界文化史（古代卷）[M]. 杭州：浙江人民出版社，1999.

[36] 张明，于井尧. 世界文化史 [M]. 长春：吉林音像出版社，2006.

[37] 朱维之，韩可胜. 古犹太文化史 [M]. 北京：经济日报

出版社，1997.

　　[38] 祝令建. 世界文化概论 [M]. 济南：齐鲁书社，2016.

　　[39] 庄锡昌，鲍怀崇. 世界文化史 [M]. 南昌：江西人民出版社，2000.

　　[40] 耿广可. 人性的绿色——伊斯兰建筑色彩 [D]. 南京：南京师范大学，2007.

　　[41] 李虹霞. 第四次工业革命与人的自由全面发展 [D]. 武汉：中南民族大学，2019.

　　[42] 张洋. 文化传承视角下的开罗城市发展与阿拉伯伊斯兰文化研究 [D]. 上海：上海外国语大学，2019.

　　[43] 包哲石. 从中世纪欧洲文明到近现代西方权力制衡体系 [J]. 黑龙江史志，2014 (17)：139-141.

　　[44] 蔡德贵. 阿拉伯世界哲学家金迪的主要哲学思想 [J]. 哲学译丛，1991 (4)：65-67＋57.

　　[45] 蔡德贵. 阿拉伯哲学家法拉比 [J]. 新疆大学学报（哲学社会科学版），1987 (3)：11-16.

　　[46] 陈江. 略论中国传统民俗的基本特点 [J]. 烟台大学学报（哲学社会科学版），2000 (1)：108-115.

　　[47] 陈丽红. 第三次科技革命史研究概述 [J]. 中国历史教学，2002 (10)：41-43.

　　[48] 陈雄. 论第二次工业革命的特点 [J]. 郑州大学学报（哲学社会科学版），1987 (5)：34-37＋44.

　　[49] 陈紫华. 试析棉纺织工业在英国工业革命中的地位和作用 [J]. 西南师范大学学报，1986 (2)：57-62.

　　[50] 邓泳红，张其仔. 中国应对第四次工业革命的战略选择 [J]. 中州学刊，2015 (6)：23-24.

　　[51] 高瑗. 第一次工业革命的背景和影响之浅见 [J]. 高考，2018 (12)：232.

［52］郭家骥. 地理环境与民族关系［J］. 贵州民族研究，2008（2）：74-83.

［53］何乃英. 阿拉伯伊斯兰文化体系的形成和特性［J］. 广西右江民族师专学报，2000（3）：5-9.

［54］黄虹. 阿拉伯—伊斯兰文学及其对西欧文艺复兴时期文学的影响［J］. 重庆师院学报（哲学社会科学版），2003（2）：46-51.

［55］军民两用技术与产品编辑部. 科技动态［J］. 军民两用技术与产品，2018（419）：67.

［56］李超然. 拜占庭 罗曼 哥特式建筑艺术风格及其关联性［J］. 山西建筑，2020（11）：29-31.

［57］李西建. 原始图腾与民族审美意识［J］. 文艺研究，1997（1）：5.

［58］李艳枝，李昂. 试析阿拉伯—伊斯兰文化的历史基础及其影响［J］. 大庆师范学院学报，2018（3）：83-86.

［59］梁国诗. 阿拉伯人的绘画艺术［J］. 阿拉伯世界，2004（3）：56-57.

［60］刘雪. 文化分类问题研究综述［J］. 泰安教育学院学报岱宗学刊，2006（4）：9-11.

［61］刘芸，朱瑞博. 第三次工业革命的核心本质及其推进路径［J］. 中国浦东干部学院学报，2013（6）：106-112.

［62］吕铁，邓洲. 第三次工业革命的技术经济特征［J］. 中国党政干部论坛，2013（10）：7-10.

［63］吕文晶，陈劲，刘进. 第四次工业革命与人工智能创新［J］. 高等工程教育研究，2018（3）：63-70.

［64］母晓科，蹇滔，李新科. 浅析人工智能与专家系统［J］. 电脑知识与技术，2009（7）：1669-1670.

［65］牛新生. 外语教学中的文化教学［J］. 宁波大学学报

（教育科学版），2002（12）：141-143.

[66] 任玉龙，魏珊珊. 浅析第三次工业革命的三大本质特征 [J]. 技术与市场，2014（6）：337-339.

[67] 孙柏林. "第三次工业革命" 十问 [J]. 自动化博览，2013（1）：13-15.

[68] 王广大. 试论阿拉伯伊斯兰艺术的特征 [J]. 世界民族，2003（3）：65-68.

[69] 王红艳. 北美印第安人的图腾崇拜与"龟岛"传说 [J]. 英语知识，2012（7）：9-10.

[70] 王林. 于漪与文化视野·文化自觉之五：站在世界文化的天空下 [J]. 语言学习，2011（4）：21-23.

[71] 王铭，王薇. 英国工业革命的前提条件 [J]. 辽宁大学学报（哲学社会科学版），2004（1）：92-97.

[72] 王晓波. 浅析英国工业革命的前提条件 [J]. 读与写杂志，2011（5）：135.

[73] 王扬. 第二次工业革命的内容、特点和意义 [J]. 学习月刊，1998（144）：16-17.

[74] 魏永理. 英国产业革命始于何时 [J]. 学术月刊，1963（5）：44-45.

[75] 魏运锋，刘庆东，杨锐. 5G 标准及关键技术 [J]. 电信工程技术与标准化，2016（12）：55-60.

[76] 吴根，资剑，杨涛，陈卓敏. 量子计算技术发展现状与趋势 [J]. 科技中国，2017（9）：1-4.

[77] 项洋，刘婷，付强. 量子计算与航空发动机 [J]. 航空动力，2019（2）：23-28.

[78] 徐玮. 略论美国第二次工业革命 [J]. 世界历史，1989（6）：20-29.

[79] 杨珊珊. 浅析欧洲中世纪文化的功与过 [J]. 青春岁月，

2013（19）：410＋409.

[80] 杨永明. 未来 5G 与能源的深度融合研究 [J]. 新能源经贸观察，2018（7）：86-93.

[81] 于珊，张博龙. 英国第一次工业革命时期工业文化的形成与发展 [J]. 文化创新比较研究，2017（15）：50-51.

[82] 张东娇. 西方文化分类逻辑对中国学校文化研究的启示 [J]. 比较教育研究，2017（8）：72-77.

[83] 张萌. 欧洲中世纪艺术 [J]. 艺术家，2021（10）：42.

[84] 赵继红. 从《列那狐传奇》看西方中世纪城市文学的特点 [J]. 艺术科技，2016（8）：207.

[85] 周嘉昕. "第四次工业革命"：一个马克思主义的分析 [J]. 天津社会科学，2017（1）：4-11.

[86] 周友光. "第二次工业革命"浅论 [J]. 武汉大学学报（社会科学版），1885（5）：103-108.

[87] 庄锡昌. 拓宽文化视野——学习世界文化史 [J]. 历史教学问题，2001（1）：20-22.

[88] 莊志刚. 第四次科技革命：量子计算机 [J]. 检察风云，2018（16）：34-36.